本书获得教育部哲学社会科学研究重大课题攻关项目（项目编号：22JZD012）、国家自然科学基金重点专项项目（项目编号：72442017）、国家自然科学基金面上项目（项目编号：72472059、72472124）、华中农业大学经济管理学院自主科技创新基金项目（项目编号：X2662024JGPY001）资助

池韵佳 曾伏娥 / 著

ENHANCING
THE RESILIENCE OF THE
INDUSTRIAL CHAIN

产业链韧性打造

基于重点产业链压力的视角

From the Perspective of
Key Industrial Chain Stress

社会科学文献出版社
SOCIAL SCIENCES ACADEMIC PRESS (CHINA)

目 录

第一章 重点产业链与重点产业链压力：概念与内涵 …… 1
 第一节 重点产业链概述 …… 1
 第二节 重点产业链压力概述 …… 20

第二章 移动互联网与重点产业链发展概述 …… 30
 第一节 我国重点产业链发展背景 …… 30
 第二节 移动互联网发展背景 …… 50
 第三节 移动互联网与重点产业链发展 …… 53
 第四节 问题的提出与现实意义 …… 56

第三章 重点产业链压力识别 …… 59
 第一节 重点产业链压力构成 …… 59
 第二节 重点产业链压力识别实践 …… 66
 第三节 新一代信息技术环境下重点产业链压力识别 …… 75

第四章 重点产业链压力测试理论 …… 81
 第一节 基于单一"点"的压力测试理论 …… 81
 第二节 基于多主体"点"的压力测试理论 …… 99
 第三节 新一代信息技术环境下重点产业链压力测试
  指标体系 …… 105

第五章　重点产业链压力测试方法 …… 117
第一节　压力测试 …… 117
第二节　重点产业链压力量化测试方法 …… 119
第三节　基于不同压力类型的重点产业链压力
　　　　测试模型及方法 …… 129
第四节　新一代信息技术环境下重点产业链压力测试方法 …… 140

第六章　重点产业链压力测试实施框架 …… 144
第一节　重点产业链压力测试 …… 144
第二节　我国产业链压力测试指标与案例分析 …… 148
第三节　我国压力测试框架探索与实践
　　　　——以银行业为例 …… 156

第七章　重点产业链压力测试保障举措 …… 161
第一节　重点产业链压力测试实施目标 …… 161
第二节　重点产业链压力测试平台构建 …… 163
第三节　移动互联网环境下重点产业链压力测试保障举措 …… 167

第八章　重点产业链压力治理 …… 171
第一节　重点产业链压力治理背景 …… 171
第二节　移动互联网环境下的重点产业链压力治理 …… 173
第三节　重点产业链压力的应对措施 …… 175

第九章　典型案例分析 …… 177
第一节　上游分析 …… 177
第二节　中游分析 …… 185
第三节　下游分析 …… 189

参考文献 …… 192

第一章　重点产业链与重点产业链压力：概念与内涵

第一节　重点产业链概述

一　重点产业链的定义

（一）重点产业链定义的研究现状

在学术界，一般认为产业链是各个产业部门之间呈现出的复杂链式关联关系。产业链思想可以追溯到古典政治经济学家亚当·斯密在《国富论》中关于劳动分工的论述，其所描述的产业链主要指企业内部资源的利用方式。随后，马歇尔将其延伸到企业间的协作分工，这是产业链理论的正式起源。美国发展经济学家赫希曼则从产业关联的视角入手，区分了向前向后两种产业链联系。此后，供应链、价值链等相关理论逐步兴起，进一步拓展了产业链理论的研究范畴，同时使产业链概念泛化，所包含的内容更为广泛，生产链、价值链、商品链、供应链等术语也得到广泛使用。

国内有关产业链的研究较为丰富，研究发端于20世纪90年代，在21世纪的前十年迅速发展。自2019年产业链现代化的概念提出后，学术界针对产业链的研究再度活跃。已有学者从不同研究角度对产业链进行了定义，具体如下。

①从产品角度的定义。部分学者指出，产业链是围绕一个关键的最终产品，从其开始形成至最终消费所涉及的各个不同产业部门之间

的动态供需关系，也被称为价值链。产业链的各个环节彼此衔接、协同配合，共同完成从原材料采购到最终产品销售的一系列生产与服务过程。产业链通常涵盖原材料供应、生产制造、市场营销、物流运输等多个环节，每个环节的顺畅运行对于整个产业链的高效运转都至关重要。

②从供求和生产角度的定义。部分学者认为产业链构建在产业内部分工和供需关系基础之上，是包含采购原材料、研发设计、制造零部件及中间品、生产终端产品以及产品流通、消费全过程的产业生态体系。在产业生态体系中，各种产业既相互关联又存在区别，某一产业的存在构成另一产业发展的前置条件或衍生结果，每一个产业只是产业系统中的特定环节或构成单元，各环节/单元通过价值链形成产业链。

③从企业关系角度，可将产业链定义为基于战略联盟的企业关系结构。产业链可用于阐释一个具有某种内在联系的企业群结构，它是一个相对宏观的概念，具有二维属性：结构属性和价值属性。产业链中存在着大量上下游关系以及价值要素的双向流动。从经济学视角而言，产业链是战略关系链，且具有持续价值增值功能，其核心内涵是将某个产业中具有竞争力的企业作为链核，与其他相关企业以产品、资本、技术等要素为纽带结成一种具有价值增值功能的战略关系链。

④从产业链静态特性角度，产业链是一个包含价值链、企业链、供需链和空间链四个维度的概念（见图1-1）。这四个维度在相互对接的过程中形成了产业链的"对接机制"，这种"对接机制"是产业链形成的内在模式，作为一种客观规律，它如同一只无形之手，调控着产业链的形成。产业链是各个产业部门之间基于一定的技术经济关联，并依据特定的时空布局关系和逻辑关系，客观形成的链条式关联形态。

⑤从产业链动态特性角度，产业链主要是基于区域差异，以区域比较优势为导向，通过市场来调节地区间专业化分工与多样性需求的矛盾而形成的机制，而产业合作则是其实现形式和内容的重要载体。

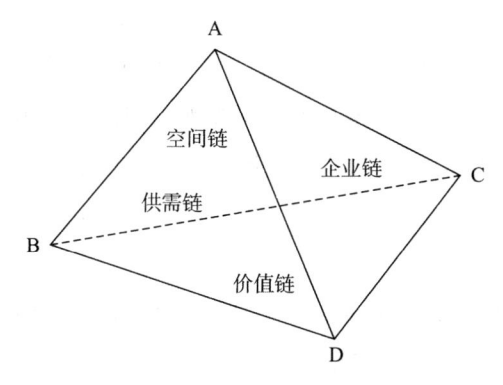

第一章 重点产业链与重点产业链压力：概念与内涵

图 1-1 产业链概念示意

资料来源：龚仰军．2020．产业经济学教程（第五版）[M]．上海财经大学出版社．

综合现有研究成果，尽管不同学者从不同角度出发对这一概念进行了不同的界定，但是都存在一定的局限性，缺乏统一的分析框架。概念的模糊性会对准确识别重点产业链及其面临的发展瓶颈造成阻碍，因此本书从"产业链"和"重点"的内涵出发，对重点产业链进行界定。

（二）重点产业链的界定

结合已有文献中关于产业链的界定，本书中产业链指同一产业内部或者不同产业之间以具有竞争力的企业为主体，将商品或服务的创造作为对象，以企业的投入产出环节为纽带，以满足市场需求为目标，按照特定的产业组织原则和空间布局连接而成的以价值增值为导向的上下游关联的动态化经济组织网络。

"重点"原本是指某一类事物中核心的或重要的部分。在产业链领域，"重点"体现在从更大区域范围乃至全国整体产业布局的视角进行产业链谋划。重点产业链是指各地区重点发展的产业链，一般为各个省份的特色优势产业和主导产业，如黑龙江省将玉米加工业列为重点产业链，江西省将文化旅游列为重点产业链，山东省将农机装备制造列为重点产业链。不少重点产业链不仅是各省份产业经济的重要支撑，也是我国未来发展的重要支撑。

《当前国家重点鼓励发展的产业、产品和技术目录（2000年修订）》明确了国家重点鼓励发展的产业、产品和技术的原则：①当前和今后一个时期有较大的市场需求，发展前景广阔，有利于开拓国内市场；②有较高的技术含量，有利于促进企业设备更新和产业技术进步，提高竞争力；③国内存在从研究开发到实现产业化的技术基础，有利于技术创新，形成新的经济增长点；④符合可持续发展战略，有利于节约资源和改善生态环境；⑤供给能力相对滞后，提高其供给能力，有利于促进经济结构的合理化，保持国民经济持续快速健康发展。

此外，本书以中央及各省份的"十二五"规划、"十三五"规划以及"十四五"规划为准，梳理出了其中所提及的重点产业链。具体而言，每个五年规划文件中都有专门阐述工业发展的章节，本书将前面冠以"重点发展产业链""重点扶持产业链""支柱产业链""优先发展产业链"，以及用"做大做强""大力发展""着力培养"等词语修饰的产业链视为规划指向的重点产业链。虽然中央及省级的五年规划中提及的重点产业链存在区域差异性，但是经整理发现每个时期、每个地区的重点产业链都与当时、当地的经济社会发展高度相关。

结合"产业链""重点"的含义以及"重点产业链"的范畴，本书将重点产业链定义为由政府选择的对经济发展起战略先导作用和支撑作用的产业链。政府通过政策工具定向配置资源至这些产业链，使其充分发挥对国民经济和社会发展的带动作用。

二 重点产业链的构成

产业链中的"链"字，既包含"链条"的意思，也具有"链接"的含义。"链接"是产业链概念的核心要素。从抽象层面分析，产业链可以界定为"点和线"的划分和链接。因此，现有文献对产业链维度的划分，大多基于点线关系展开。"点"是指产业链上的各个主体，通常为企业、政府和消费者，也可以是地区或国家主体。"线"指产业链上各个主体之间的链式关联状态。

随着产业链现代化转型，产业链逐渐呈现出网络化特征，产业链

第一章　重点产业链与重点产业链压力：概念与内涵

网络化主要表现为主体间的关联形态从线性链条式向立体网络式转变（见图1-2）。产业链内及跨产业链的主体之间将不同主体所拥有的互补的资源、知识和能力整合起来，进而形成相对稳定的正式与非正式关系，最终形成交错、多维、泛联的网络结构，这也更符合产业链作为一个经济网络组织的定义。

基于点线关系的产业链
· 点维度
· 线维度

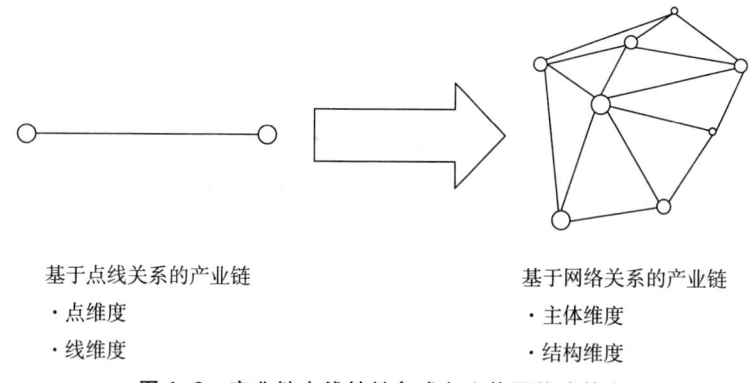

基于网络关系的产业链
· 主体维度
· 结构维度

图1-2　产业链由线性链条式向立体网络式转变

因此，本节从重点产业链的组成要素出发，解析重点产业链的构成维度与层次结构，以深入认识产业链的形成机制，为进一步分析重点产业链奠定基础。

（一）重点产业链组成要素

无论基于何种划分方式，重点产业链主要由主体要素和结构要素这两大要素构成。主体要素指重点产业链上的各个主体，包括企业、政府和消费者，也可以是地区或国家；而结构要素指各主体之间的联结关系，包括点线型关系和网络化关系。

增强产业链自主可控能力的关键在于各主体及环节之间紧密衔接，形成完善的产业链共生发展生态。产业链共生发展生态是由产业链各主体、支撑产业链运行的各要素与外部环境共同构成的有机系统，是产业链得以存续和发展的基础。

1. 主体要素

（1）企业

企业为产业链中的核心主体，包括原材料供应商、生产设备供应商、经销商以及提供产品售后支持和服务保障的服务企业等。各个企业节点之间通过物流、信息流、资金流等方式联系,构成紧密的经济组织网络。各个节点企业平等互利、优势互补。

产业链关联企业包含起主导作用的交易主体,即核心企业。这类企业一般居于产业链的核心环节,拥有关键生产技术或具备较强的资本或技术实力,对整个产业链起到重要的带动和引导作用。

产业链关联企业也包含处于从属地位的协作单位,即接受核心企业指导的一方。其可以是为核心企业提供原材料或生产设备的供应商,需要按照核心企业的技术标准或需求来安排生产;也可以是帮助核心企业实现产品市场流通目标的销售商,需要按照核心企业的目标开展营销活动;还可以是横向关系上的竞争型企业与互补型企业,由终端市场顾客需求决定其与核心企业之间的关系。产业链企业类型可见图1-3。

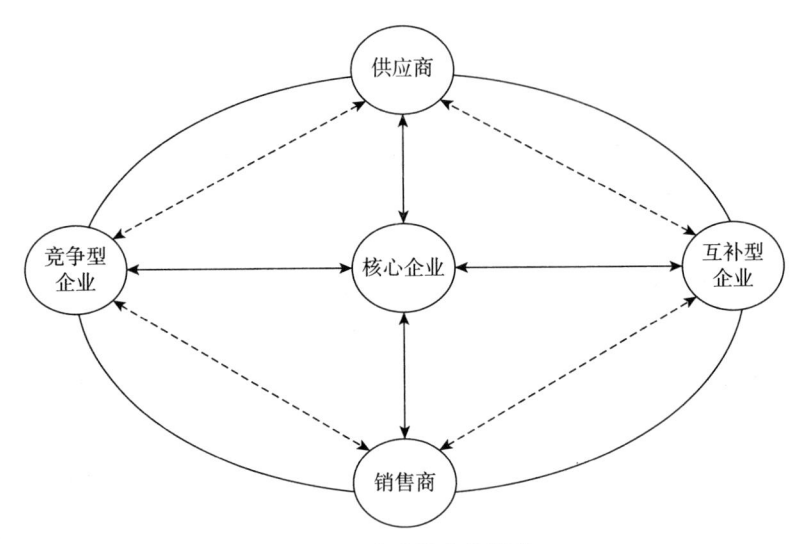

图1-3 产业链企业类型

(2) 政府

随着经济逆全球化趋势凸显,各国产业链竞争日益激烈且格局出现重构倾向,产业链的安全水平、基础支撑能力、科技创新能力已经上升到国家安全的战略层面。2020年党的十九届五中全会提出要提升产业链供应链现代化水平；2021年"十四五"规划中进一步提出立足产业规模优势、配套优势和部分领域先发优势，巩固提升高铁、电力装备、新能源、船舶等领域全产业链竞争力，从符合未来产业变革方向的整机产品入手打造战略性全局性产业链。

在产业链的运行和发展过程中，政府的宏观调控职能日益凸显。以应对产业链循环受阻这一问题为例，"链长制"作为社会主义市场经济体制优势得以充分发挥的一项制度探索，适时出现，为区域产业发展提供引导。根据林淑君和倪红福的《中国式产业链链长制：理论内涵与实践意义》，截至2021年，中国有29个省份推行了链长制或者与之相关的政策，并且在推动产业链创新融合方面取得了良好成效。

链长制以地区经济发展的主导产业为核心环节，依靠政府进行协调引导，从而打通产业链上下游，不断增强产业链的基础实力和发展韧性。链长通常由政府主要负责人担任，负责对所管辖区域内产业链上下游企业的生产活动进行统筹规划与协调。可以说，链长制是政府运用"看得见的手"对产业链各方进行整合、实现资源优化配置的重要方式，也是政府发挥调控作用的具体实践。

（3）消费者

消费者在产业链中具有至关重要的地位，既是产业链的起点，也是产业链的终点，实际上更是产业链需求侧活力的源头，决定着产业链的存在价值及其实现程度。

只有服务产品满足了消费者的需求，各项生产活动才能成为价值创造的环节，这一系列环节才能构成价值链。由此可见，消费者需求是产业链的核心主体要素之一。

2. 结构要素

（1）点线型关系

产业链是各个产业部门之间基于一定的技术经济关联并依据特定逻辑关系和时空布局关系形成的链条式关联形态。产业链中各个节点之间联结成线，构成产业网络结构。在点线关系分析框架下，产业链分为垂直的供需链和横向的协作链。

产业链韧性打造：基于重点产业链压力的视角

垂直分工关系即产业的上、中、下游关系（见图1-4），一种或几种资源通过若干产业层次不断向下游产业转移直至转移至消费者。①在上游，原材料供应商主要提供产业链所需的基础原材料或零部件；生产设备制造商生产和销售生产设备，支撑产业链生产制造活动；人才培养和创新研发活动则为产业发展提供支撑。②在中游，营销商负责产品推广和营销，建立分销网络体系；经销商将产品销售给最终消费者。③下游环节包括最终消费者，其是购买和使用产品或服务的个人或企业；售后服务提供商则由提供产品售后支持和服务保障的企业部门或机构组成。④行业协会与政府部门，不仅提供行业信息、服务和政策支持，而且监督和引导产业链发展，参与制定相关产业政策和规范。

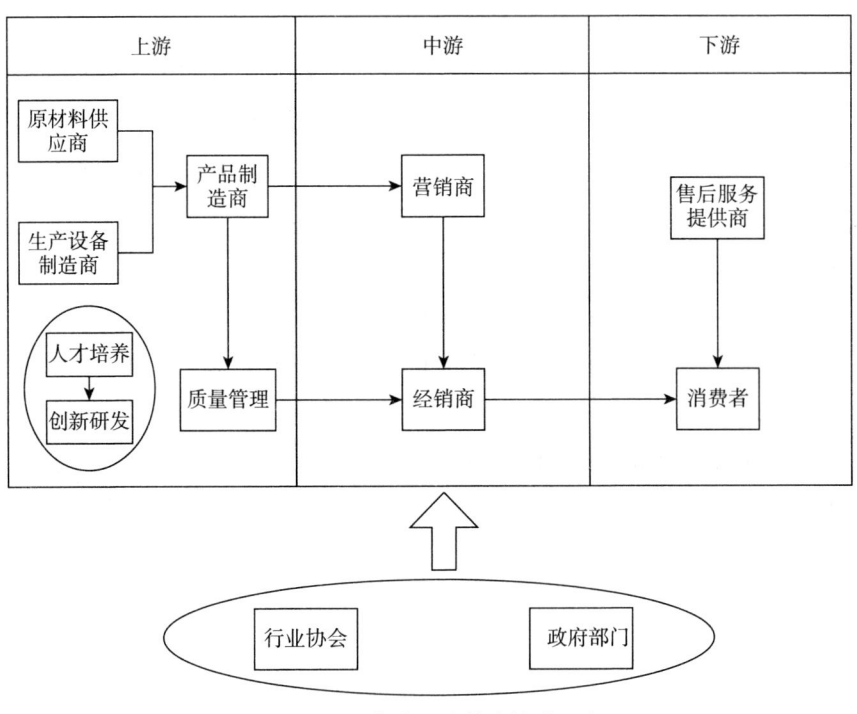

图1-4 重点产业链基本构成示意

横向协作关系即产业配套，涵盖了某一区域内的主导产业和龙头产业，以及与企业在生产、经营和销售过程中具有内在经济联系的上游和下游相关产业、产品、人力资源、技术资源、消费市场主体等诸多要素。产业配套是生产经营分工持续专业化与社会化的结果，能够对不确定性进行有效管控，为相关企业尤其是配套企业提供"保险"，提升这些企业的生存能力。我国完备的工业体系以及庞大的工业规模，为前沿技术的转化提供了全面的产业链配套，能够使新产品迅速实现规模化生产。

（2）网络型关系

现代产业链体系是由各类纵向产业链或价值链与各类横向产业链或价值链相互交织而形成的网络状结构。在动态、开放、非线性、多因素交织的竞争环境下，一些原本稳定的产业结构和关联方式如今变得更加不稳定。此外，产业集群促使产业链相互渗透、相互影响，在产业之间以及地理空间上相互融合，构成复杂的相互交织的网络状结构，进而将产业链拓展为产业网。

以汽车产业链构建模式演化趋势为例（见图1-5），1908年以前为第一阶段，由于没有形成规模化的市场需求，且汽车技术简单，生产方式为通过市场购买专利和简单的零部件进行组装，市场价格机制尚不健全，汽车的产量也非常有限，可以说，这一阶段还没有形成真正的汽车产业链。1908~1920年为第二阶段，以福特T型车的推出为转折点，汽车产业进入大规模生产阶段，但是汽车产业链全部在企业内部，设计、制造以及各部门之间的协调都是通过企业的行政命令来完成的，纵向一体化是典型特征。随着汽车零部件供应商的技术创新以及供应能力的迅速提高，汽车生产进入第三阶段，即20世纪30年代到90年代。在这一时期，汽车产业迅速发展壮大，成为带动相关产业发展最重要的国民经济主导产业，汽车产业链的构建和组织模式也发生了重大的变革。纵向一体化的生产模式逐渐分离，形成了以汽车企业为核心的领导型、关系型网络组织形式。在这一阶段的前期，零部件供应商的实力较弱，一般会依附于某个大型的汽车整车企业，以技术合作或股权投资等方式从属于汽车整车企业。随着零部件供应商能力的提高，特别是掌握核心零部件技术的供应商的发展壮大，这一状况在这一阶段后期发生了变化，大型零部件供应商能够提供具有完整功能的组装模块，并建立全球性营销服务网络，为汽车产业链的模块化整合奠定了基础。20世纪90年代以来，汽车生产进入了第四阶段，信息技术的广泛应用以及汽车模块化技术的研发，将汽车产业链的构建模式和组织形式推向了新的发展高度。下游汽车企业的激烈竞争以及个性化需求的发展，使汽车企业不得不改变原来的流水线式生产方式，转而利用大型零部件供应商的功能模块进行快速的组装生产。汽车产业链的构建模式由链式线性生产方式向模块化网络化生产方式转变。随着模块化设计和生产技术的进步，汽车产业链的模块化组织形式还在不断地深化。

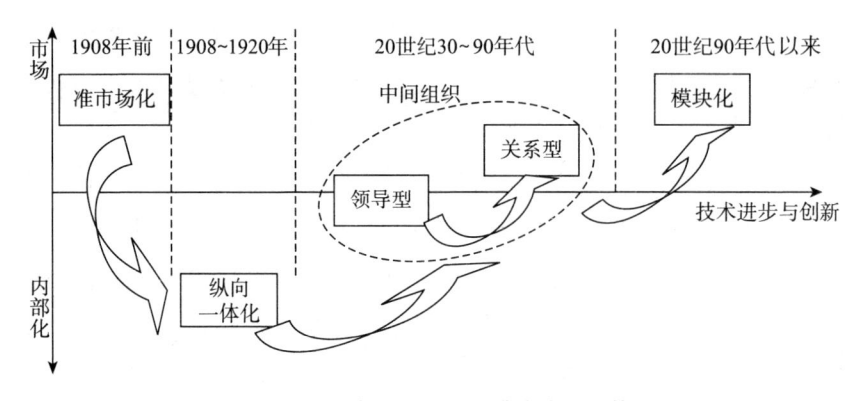

图 1-5 汽车产业链构建模式演化趋势

资料来源：吴彦艳（2009）。

由此，产业链构建模式的变化使得传统的基于点线关系解析产业链结构的方式不再适用，应该从网络关系视角对产业链维度进行划分，以更综合地描述和概括重点产业链特征。

（二）重点产业链构成维度

参照已有文献研究，不少学者根据产业链的主体要素与结构要素，选取四种主要的点线对应关系，即"点和点""点和线""线和线""链和链"，将产业链界定为由供需链（点和点）、企业链（点和线）、空间链（线和线）、价值链（链和链）有机组合而成的四维结构。四个维度相互对接的均衡过程推动着产业链的形成。

点和点的联结构成供需链。供需链用于表示生产环节，侧重于技术和产业层次的划分，对生产环节上的节点进行描述，而与节点上的企业组织无关。供需链是产业链技术经济联系的基础，其关注的焦点在于产业链上节点之间的关系，它涵盖需求链、供应链和技术链。需求链不仅指终端消费领域的消费者需求链，还指生产者需求链。供应链包含物流链和生产要素供应链；技术链不仅包括产品技术链，还涵盖技术转化服务链。

点和线的联结构成企业链。它是产业链的载体以及组成要素的具体呈现形式，是指同一产业链中不同环节所有企业的"线"性联结，解决的是产业链中如何"连点成线"的关键问题，可分为企业和企业、企业和消费者、企业和政府以及三者之间的综合联结。

线和线的联结构成空间链。它指同一产业链条在不同地区的分布情况。如果产业链在地理上呈现集中特征，就会形成产业集聚。空间链按地域大小可分为全球链、国家链和地区链。

链和链的联结构成价值链。它是引领产业链形成和发展变化的重要关系网络。价值链的变化首先在供应链上体现出来，进而引起企业链和空间链的演变。价值链不同环节的优化和调整决定了整个产业链的竞争力和利润空间。

产业链上游到下游各个环节中，供需链、企业链、空间链、价值链四个维度互相依托，形成有机整体。具体而言，产业链始于供需链维度中需求侧与供给侧的技术对接，推动企业链的协同优化，从而推动空间链和价值链的发展。

（三）重点产业链层次结构

产业链内部的四个维度相互对接，一旦达到均衡且稳定的状态，便会融合形成完整的产业链体系。这四个维度的融合发生在宏观、中观、微观三个层面（见表1-1）。具体而言，价值链与其他三个维度（供需链、企业链、空间链）的对接对应宏观层面；企业链与供需链、空间链的对接对应中观层面；各维度内部的对接对应微观层面。此外，各个层面各维度间的对接内容与核心要素也不相同。

表 1-1 产业链不同层次的对接机制

对接层次	对接维度	对接具体内容	对接核心要素
第一层次（宏观层面）价值链和其他三个维度的对接	价值链和企业链		
	价值链和供需链	价值链和需求链	
		价值链和技术链	
		价值链和物流链	
	价值链和空间链		产业分布
第二层次（中观层面）企业链和供需链、空间链的对接	企业链和供需链	企业链和需求链	产品
		企业链和知识链	技术标准
		企业链和供应链	生产要素
	企业链和空间链		配套服务半径
第三层次（微观层面）各维度内部的对接	供需链中的对接	需求链和技术链	技术创新
	企业链中的对接	BTB	分工和交易 市场竞争结构
		BTG	产业政策
	空间链中的对接		区域经济

在宏观层面，价值链与供需链、企业链、空间链实现对接，从而形成差异化产业分布格局。在中观层面，企业链与供需链、空间链进行产品、技术标准、生产要素以及配套服务半径等方面的对接。在微观层面，供需链、企业链、空间链内部在技术创新、分工和交易、市场竞争结构、产业政策以及区域经济等方面实现对接。这四个维度在多层次上的有效对接最终造就了产业链，该对接机制是产业链形成的内在机制。此外，产业链在对接过程中还会受到企业、市场竞争结构以及政府政策调控等因素的影响，这些构成了调控产业链的外部环境。

以价值链与空间链的对接为例进行说明，这两个维度在宏观层面的对接实现了不同的产业链划分。依据组织层级差异，经济系统可以分为家庭经济系统、企业经济系统、区域经济系统、国家经济系统以及全球经济系统五个层级，每个层级的经济系统都具有自身的特征和规律。产业链既可能覆盖全球范围，也可以限定于区域范围，作为区域经济系统的一个子系统存在。相较于企业经济系统，产业链处于更高的层级。根据产业链作用层级的差异，产业链可分为宏观产业链、中观产业链以及微观产业链；按照产业链作用范围的差异，产业链可分为全球产业链、全国产业链、跨区域产业链和区域产业链。

产业链具有层次性，这使得整体与部分之间既有相似性，又有差异性。就技术创新来说，各个企业的技术创新体系共同构成了产业链整体的创新系统。结构上，企业的技术创新通常围绕自身核心业务展开，而产业链整体的创新则涵盖了多个环节，然而二者之间存在着一定的关联，具有相通之处。在状态方面，企业技术创新的活跃度会影响产业链整体创新的态势，而产业链整体创新的环境也会反作用于企业技术创新的环境。在变化过程中，企业技术创新的突破有可能带动产业链整体的升级，而产业链整体的创新趋势也会引领企业技术创新的方向。

另外，各个层次的子系统以及节点企业之间在经济利益和发展方向上存在差异。不同的企业往往有不同的经济利益诉求和发展方向。有的企业专注于高端市场，追求高附加值的产品和服务，以获取更高的利润；有的企业则侧重于中低端市场，通过规模生产与成本管控来扩大市场份额。这种差异使得企业在发展方向上呈现多元化特征。

从演进的过程来看，在产业链不断发展的同时，有许多企业会面临衰退甚至破产的情况。这是因为市场竞争激烈，且外部环境充满不确定性，一些企业无法适应变化而被淘汰，由此，便呈现整体优化和局部调整同时发生的局面。

三 重点产业链的分类

本书基于我国经济发展的不同阶段，辨析不同经济发展阶段优先发展的产业链，将重点产业链划分为传统基础产业链与战略性新兴产业链两个类型。传统基础产业链是支撑国民经济发展和满足人民生活需要的基础产业；新兴高新科技催生的战略性新兴产业链则关系到国民经济社会发展和产业结构优化升级全局。战略性新兴产业链的培育壮大与传统基础产业链的改造升级，对我国建设以实体经济为重要支撑的现代化产业体系，实现地区经济持续增长发挥至关重要的作用。

（一） 传统基础产业链与战略性新兴产业链

1. 传统基础产业链的界定

已有研究将劳动密集型、资源消耗型、具有低技术附加值特点并迫切需要通过转型提升附加值的产业集群定义为具有传统特征的产业集群。也有部分学者指出，传统产业主要是指劳动密集型产业和制造业，具有技术水平低、研发投入少、自主创新能力弱等特点。基于上述定义，本书将我国传统基础产业链定义为具有以上特征的产业链。

关于农业重点产业链，依据2021年《农业农村部办公厅关于开展全国农业全产业链重点链和典型县建设工作的通知》，其主要涉及稻谷、小麦、玉米、大豆、棉花、食用植物油、食糖、猪肉、牛羊肉、乳制品、天然橡胶等11种重要农产品，以及粮经作物、园艺产品、畜产品、水产品等优势特色农产品。关于工业重点产业链，依据2023年《工业和信息化部等八部门关于加快传统制造业转型升级的指导意见》，我国石化化工、钢铁、有色、建材、机械、汽车、轻工、纺织等产业增加值占全部制造业增加值的80%左右，是支撑国民经济发展和满足人民生活需要的重要基础。关于服务业重点产业链，主要包括生产性服务和生活性服务，生产性服务业是促进技术进步、提高生产效率、保障工农业生产活动有序进行的服务行业，生活性服务业是指能够满足居民最终消费需求的服务行业。

综上所述，传统基础产业链具有科技含量与附加值较低、固定资本高和产业链结构完整等特点，长期以来在国民经济中占有重要的支柱地位，如农业、牧业、渔业、钢铁、石油和化学工业等产业。然而，随着全球竞争的加剧和产业升级的需求，这些产业链面临"大而不强"的问题，并面临着高端跃升压力。对该类产业链进行深入研究，不仅有助于识别传统产业的发展趋势和规律，还能为传统产业的转型升级与可持续发展提供理论依据。

2. 战略性新兴产业链的界定

新兴产业指应用新技术发展壮大的产业，具有创新活跃度高、技术密集性强、发展前景广阔等特征。已有研究进一步将其定义为基于技术突破和发展需要，以新技术和新知识为核心的高层次、高技术、高风险的产业，具有技术复杂度高、知识网络外部性嵌入能力强等特点。

关于战略性新兴产业链的界定，依据《战略性新兴产业分类（2018）》以及《新产业标准化领航工程实施方案（2023~2035年）》，本书将战略性新兴产业链所包含的具体产业类型进行如下界定：新一代信息技术、新能源、新材料、高端装备制造业、新能源汽车、节能环保、生物、数字创意八大新兴产业；元宇宙、脑机接口、量子信息、人形机器人、生成式人工智能（AIGC）、生物制造、未来显示、未来网络、新型储能技术九大未来产业。

综上所述，战略性新兴产业链具有科技含量和附加价值高、创新性强、产业链结构不完整等特点，代表了经济发展的方向。然而，由于这些产业链某些环节的技术掌握在外国生产商手中，其也面临"新而不稳"的风险，并面临着自主可控压力。对该类产业链进行研究，不仅有助于识别新兴产业发展的瓶颈与挑战，还可以为新兴产业的突破性发展与安全稳定提供有力支撑。我国重点产业链分类及其特点如图1-6所示。

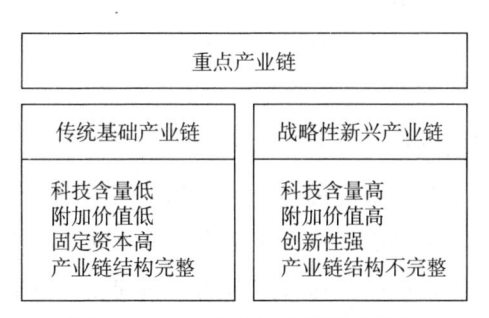

图1-6 重点产业链分类及其特点

（二）传统基础产业链与战略性新兴产业链内部构成

1. 传统基础产业链

（1）农业产业链

农业产业链是不同农业生产链的集合，是连接农业生产资料供应、农产品生产、加工、仓储运输和销售、消费等环节的有机整体。它一般由产品链、价值链、创新链、资金链、信息链、组织链构成。

农业产业链主要包括产前、产中、产后和终端四个环节，产前环节主要是育种、肥料和农机具，产中环节主要包括种植、养殖和采摘，产后环节主要指的是农产品加工，终端环节是农产品及其加工产品的流通与消费。

（2）工业产业链

工业产业是我国制造业的主体，是现代化产业体系的基础。其中，石化化工、钢铁、有色、建材、机械、汽车、轻工、纺织等产业增加值占全部制造业增加值的80%左右，是支撑国民经济发展和满足人民生活需要的重要基础。工业产业链前端包括研发、设计、采购、原材料采购，中端有加工和组装，后端涵盖物流、销售、品牌建设等。

（3）服务业产业链

传统服务业包括批发和零售业，交通运输、仓储和邮政业，住宿和餐饮业等。经过多年发展，服务业门类更加齐全，各门类发展更趋协调，形成金融业、房地产业等现代服务业，以及信息传输、软件和信息技术服务业，租赁和商务服务业等新兴服务业。

2. 战略性新兴产业链

本部分对战略性新兴产业链中所涉及的新一代信息技术产业、新能源产业、新材料产业、高端装备制造产业等重点领域展开介绍。

（1）新一代信息技术产业

新一代信息技术产业包含下一代信息网络产业、新一代电子信息技术产业、新兴软件和信息技术服务业、互联网与云计算、大数据服务、人工智能等诸多行业，其应用覆盖了国民经济中的农业、工业和服务业三大产业领域。

中国企业联合会和中国企业家协会发布的"2020年中国战略性新兴产业领军企业100强榜单"显示，有28家新一代信息技术产业企业上榜，上榜数量在各产业中居第一，其中华为投资控股有限公司以8588.3亿元的业务收入在榜单中居首位。

"十四五"规划指出，要聚焦新一代信息技术、生物技术、新能源、新材料、高端装备、新能源汽车、绿色环保以及航空航天、海洋装备等战略性新兴产业，加快关键核心技术创新应用，增强要素保障能力，培育壮大产业发展新动能。推动生物技术和信息技术融合创新，加快发展生物医药、生物育种、生物材料、生物能源等产业，做大做强生物经济。深化北斗系统推广应用，推动北斗产业高质量发展。深入推进国家战略性新兴产业集群发展工程，健全产业集群组织管理和专业化推进机制，建设创新和公共服务综合体，构建一批各具特色、优势互补、结构合理的战略性新兴产业增长引擎。鼓励技术创新和企业兼并重组，防止低水平重复建设。发挥产业投资基金引导作用，加大融资担保和风险补偿力度。

（2）新能源产业

新能源又称非传统能源，一般指在新技术基础上可系统开发的可再生能源，包括传统能源之外的各种能源形式。新能源主要包括太阳能、风能、生物质能（非粮型）、地热能、核能（新型反应堆技术）等。

从产业链条来看，新能源产业的上游产业主要包括太阳能、光伏、水能和风能等新能源及可再生能源发电设备制造商，以及太阳能、光伏、水能和风能等新能源及可再生能源的组件及零部件制造商。其中，新能源发电设备主要包括太阳能发电设备和风力发电机组、可再生能源发电设备；组件及零部件主要包括光伏组件、太阳能电池芯片、太阳能电池组件、太阳能供电电源、光伏系统集成设备。新能源产业中游作为整条产业链的重要环节，涉及氢能制备、光伏电站运营、风力发电场运营等能源生产与供应环节。新能源产业的下游主要包括新能源汽车、加氢站、充电桩和输变电设施及终端应用场景。

（3）高端装备制造产业

高端装备制造业以高新技术为引领，处于价值链高端和产业链核心环节，集制造业之大成，体现一个国家的科技和工业发展水平，主要包括智能制造装备、海洋工程装备、航空航天装备、轨道交通装备、卫星及应用等高端装备制造领域，主要为航空航天、船舶、轨道、汽车、电力等重要生产领域提供产品和服务支持。现阶段，高端装备制造业已成为全球制造业竞争的焦点。

从产业链条看，高端装备制造业主要可分为研发设计、原材料与零部件生产、装备整机制造、集成应用、售后服务等环节，其中核心零部件、关键材料、中高端系统是重点，直接影响整条产业链的竞争力。

（4）新材料产业

新材料是指新近发展或正在发展的具有优异性能的结构材料及具备特殊性质的功能材料。按材料的使用性能可将新材料分为结构材料和功能材料；新材料按材料属性可分为金属材料、无机非金属材料（如陶瓷、砷化镓半导体等）、有机高分子材料、先进复合材料四大类。

新材料产业链上游基础原材料包括钢铁材料、有色金属材料、建筑材料、纺织材料等，中游新材料主要分为先进基础材料、关键战略材料和前沿新材料三大类，下游应用于电子信息、新能源汽车、节能环保、家电行业、医疗器械、航空航天、纺织机械、建筑化工等行业（见图1-7）。

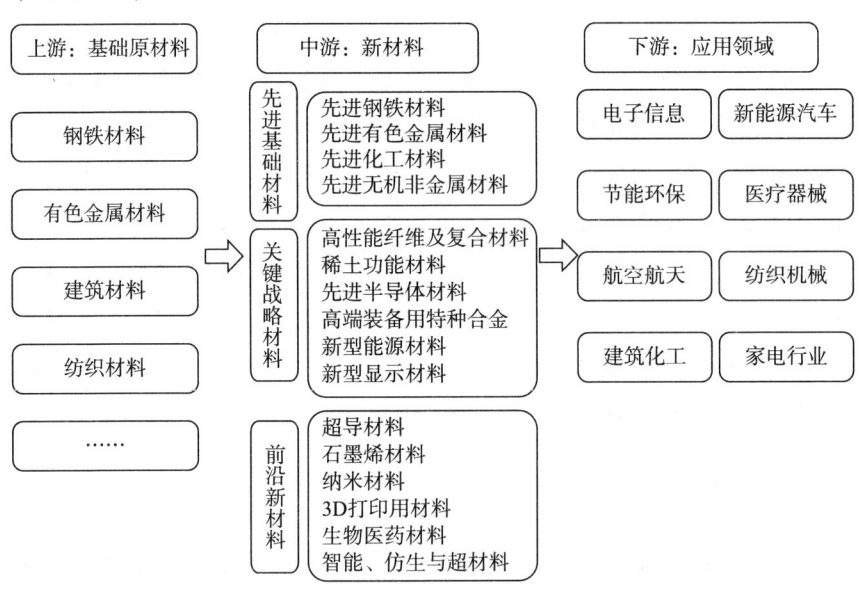

图1-7 新材料产业链全景图

资料来源：韶关高新技术产业开发区管理委员会网站，https://www.sg.gov.cn/sgsgxqgl/gkmlpt/content/2/2671/mpost_2671614.html#6859。

第一章　重点产业链与重点产业链压力：概念与内涵

（5）节能环保产业

节能环保产业是指为节约能源资源、发展循环经济、保护生态环境提供物质基础和技术保障的产业。加快发展节能环保产业，对于拉动投资增长和消费需求，形成新的经济增长点，促进产业升级和发展方式转变，提高能源资源效率，保护生态环境，改善民生具有重要意义。[①]

节能环保产业的上游主要是包括钢铁、化工、电力、电子、有色金属等行业在内的原材料供应商，这些原材料供应商为节能环保产品的生产及工程建设提供原材料，原材料的价格波动直接影响节能环保产业的成本，进而对下游细分行业的利润产生影响。节能环保产业的下游主要包括市政部门主管的水污染防治、大气污染防治、固废处理、土壤修复、噪声与振动控制和环境检测等行业。政府部门是环保治理的重要需求方，这主要是因为环保行业具有很强的公共属性，其需求变化在很大程度上取决于产业政策。

（6）生物产业

生物技术是应用生物学、化学和工程学的基本原理，是利用生物体（包括微生物、动物细胞和植物细胞）或其组成部分（即细胞器、酶）来生产有用物质，或为人类提供某种服务的技术。

我国生物产业链上游环节以生物产业相关理论体系建设和设备供应为主，中游包含四大支柱产业——生物医药、生物农业、生物制造以及生物安全产业，下游应用领域涉及有机农业、绿色能源以及生物安全等。

（7）新能源汽车产业

新能源汽车是指采用非常规的车用燃料作为动力来源（或使用常规的车用燃料、采用新型车载动力装置），综合车辆的动力控制和驱动方面的先进技术，形成的技术原理先进、具有新技术和新结构的汽车。[②]

[①]　《发展改革委就关于加快发展节能环保产业意见答问》，https://www.gov.cn/gzdt/2013-08/12/content_2465490.htm。

[②]　资料引自百度百科。

新能源汽车包括四大类型：混合动力电动汽车、纯电动汽车（包括太阳能汽车）、燃料电池电动汽车、其他新能源（如超级电容器、飞轮等高效储能器）汽车等。

从产业链角度来看，新能源汽车产业链上游主要包括电池、电机、电控等核心零部件生产及供应；中游是指新能源汽车整车制造，按照用途可划分为乘用车、商用车等；下游包括新能源汽车充电服务等应用领域。总体来看，新能源汽车的核心竞争力体现在电池能量密度、续航性能等核心指标方面，因此，上游电池制造环节是新能源汽车产业链的核心环节。

（8）数字创意产业

数字创意产业作为一个新兴的经济领域，深度融合了现代信息技术与文化创意。区别于传统文化创意产业基于实体载体的艺术创作模式，数字创意产业以CG等现代数字技术为主要工具，强调团队或个人通过技术赋能、创意驱动和产业化运作相结合的方式进行数字内容开发、视觉设计、创意策划等。

数字创意产业包括数字创意技术设备制造、数字文化创意活动、设计服务以及数字创意与融合服务四大部分。数字创意产业链上游包括显示屏、投影机等多媒体设备供应商、装修装饰公司与材料供应商、道具模型供应商、摄影公司、软件开发公司等。数字创意产业链中游为内容创作环节。数字创意产业链下游应用领域非常广泛，涵盖了网络文学、影视、游戏、创意设计、VR、在线教育领域等。目前我国数字创意产业主要应用领域为游戏、创意设计和在线教育。

第二节　重点产业链压力概述

一　重点产业链压力的定义

"压力"一词最早运用在物理学研究领域，用于描述物体之间因相互作用而产生的力。"压力"在弹性理论中被认为是给定单位面积上的力的度量。当足够的力应用于材料，材料弯曲和长度的变化称为"压力"。在生物医学领域，压力最初被定义为机体对各种有害刺激产生的非特异性反应。

个别研究者根据压力的正面与负面特性将压力区分为有益的压力（eustress）与有害的压力（distress），并且针对企业经营管理领域，正面压力具有积极作用，能激发人们内在的工作热情，并促进个体职业发展。而负面压力则会使员工产生强烈的压迫感和焦虑，对工作效率产生一定的消极影响。

已有关于产业链压力的研究，从不同的压力源探讨了不同类型的压力，如制度压力、客户压力、环境压力、时间压力等。例如，Gualandris 和 Kalchschmidt（2014）在研究中指出：利益相关方需求的不断增长促使企业采纳可持续供应链管理策略。根据利益相关者理论，可将利益相关方分为两类：主要利益相关方，如客户、供应商及监管机构，他们的参与和支持对企业的存续至关重要；次要利益相关方，如媒体和社会组织，其虽与企业相互影响，但并不直接参与企业交易，对企业的生存也不构成决定性影响。制度压力是由模仿性压力、规范性压力和强制性压力三个方面组成。客户压力（CP）是指终端消费者和商业客户，即主要利益相关方对企业改善其环境和社会绩效的要求。时间压力一般是零售商给供应商施加的。当完成任务的可用时间被认为不足或有限时，时间压力开始显现并引起压力感。有研究指出，零售商通常有充分理由对供应商设定严格的时限，如消费者对新商品的良好反应可能会提前商店的进货计划；早春气候异常可能促使季节性计划提前实施；为了达到季度销售目标，可能需要在最后一刻进行广告促销以增加订单数量。在任何一种情况下，零售商的时间缩短需求可能会给其他供应链合作方带来很大的压力。

除了来自外部环境的压力，产业链内部的压力也尤为关键。例如，一些老牌企业在品质监控领域暴露了不少缺陷，如检验技术陈旧、审查设备落后以及品控人员能力不足等，这些缺陷紧密关联产品的品质，从而影响企业竞争力的提高。自改革开放以来，我国凭借庞大的市场规模及低成本要素供给等优势实现了经济的快速增长，这种发展模式

产业链韧性打造：基于重点产业链压力的视角

属于后发赶超的"加速路径"。然而，中国工业发展的核心制约因素在于工业基础能力薄弱，这一短板主要体现在计量、标准、认证及信息服务等领域的基础架构不够完善。在数字化时代，我国在基础软件、核心系统以及关键算法等领域很大程度上仍依赖外国的技术和资源。同时，数字化、智能化、绿色化、服务化程度不高。

压力对重点产业链的负面影响巨大。具体来说，重点产业链压力在产业链上游可能会导致成本增加、原材料短缺、生产延迟等，在产业链的中游阶段可能会导致质量稳定性下降、生产效率下降等，在产业链的下游阶段可能会导致产品供应不稳定、消费者满意度下降、市场份额下降等。各个环节所承受的压力形成非线性传导机制，从而加剧系统性风险，对产业链的整体稳定性及市场竞争力造成负面影响。

二 重点产业链压力的形成机制

压力识别是压力测试的前提，而明确压力的形成机制是压力识别的基础。由于产业链压力是其内部问题和外部环境共同作用的结果，现有的压力识别方法无法涵盖产业链特征和外部环境的共同作用机制。因此，本部分主要解析重点产业链压力的形成机制。

需要重点考虑外部环境和产业链内部问题的相互作用。在外部环境方面，主要包括政策背景、经济环境、技术环境及自然环境。在政策领域，诸如税收法规、环保政策、产业支持策略的调整，将对产业链中各个阶段的运行产生直接冲击。另外，在全球产业链与价值链重构背景下，国际贸易政策也经历了诸多变动。在经济环境方面，当前，全球经济增长呈现明显的下行趋势。我国正处在转型升级的关键阶段，面临着经济增长模式的调整、经济结构的优化以及增长动力的重塑。在此情景下，全球价值链的重组催生了本土化浪潮，促使产业回归，尤其是发达国家正努力引导其跨国企业将生产线撤回本土。此举对中国产业进步特别是产业链及供应链的提升带来了严峻的挑战。在技术环境方面，全球产业链重构导致产业分工发生重大变化。我国在某些产业和技术层面的不足，导致我国在多个行业的竞争中面临更多的挑战。若对外贸易中关键技术进出口遭遇限制，这些核心科技将变成限制我国产业进步的关键障碍，使我国难以在国际竞赛中赢得领先地位。特别是在移动互联网技术环境下，信息技术和数字化转型趋势为产业链各环节带来了新的挑战，各环节需要提升信息化水平，提高效率和响应速度。在全球价值链重塑的大环境下，劳动力市场面临深刻转型，由此引发技术人才缺口及人力成本的增加，二者共同对产业链的生产效率及管理运作产生深远影响。在自然环境方面，气候变化、资源稀缺以及环境保护要求等因素都对重点产业链的发展提出了新的要求，其中气候变化对能源产业的影响尤为明显，气候变化导致生产不稳定性和成本增加；而自然资源的稀缺和环境保护要求对产业链的可持续发展提出更高要求。这无疑为重点产业链的发展带来新的压力源。

综上所述，重点产业链压力形成机制如图1-8所示，从厘清重点产业链的概念和内涵出发，在此基础上对重点产业链进行分类并明晰其具体特征，最后从不同类型的重点产业链出发，综合考虑各类外部环境因素，从而确定重点产业链的压力形成机制。

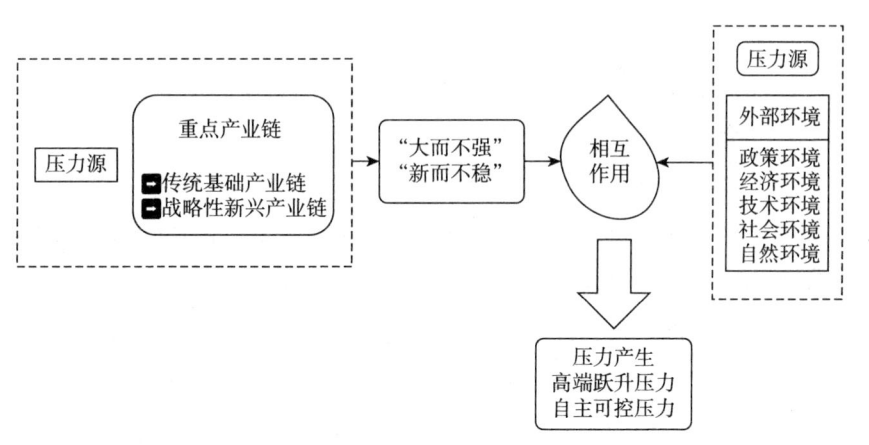

图1-8 重点产业链压力形成机制

三 重点产业链压力管理

完整的压力管理过程包括压力识别、压力测试和压力治理三个阶段。而现有关于产业链压力管理的研究主要集中于压力识别阶段，很少有研究对产业链压力测试和压力治理进行探讨，因此对重点产业链压力管理的全过程进行探讨是未来具有重要价值的研究方向。

（一）重点产业链压力管理框架

1. 压力识别

现有关于产业链压力识别的研究已经对产业链面临的压力进行了讨论，主要存在以下两个视角：一是分类压力识别视角；二是共性压力识别视角。

一是分类压力识别视角研究。相关研究主要根据产业链的分类探讨不同产业链面临的主要压力。例如，现有研究指出，非传统安全风险是化工产业链面临的主要压力；信息压力和技术压力是电子商务产业链面临的主要压力；环境压力是汽车产业链面临的主要压力；工业固体废弃物产生量逐年上升及生活垃圾产生量持续增加的压力、可再生资源的综合利用压力以及处理压力是可再生资源生态全产业链面临的主要压力。但是，基于分类压力识别视角的研究仅聚焦于某一产业链，导致压力识别结果可能不适用于其他产业链。此外，这一压力识别视角的研究容易忽视重点产业链的共性压力，也可能导致压力类型过于繁杂，不利于构建统一的理论框架与方法体系。因此，这一压力识别视角在重点产业链压力识别研究中存在局限性。

二是共性压力识别视角研究。相关研究没有对产业链进行分类，而是聚焦于产业链日常运营中的经常性压力。例如，产业链信息压力、技术压力、企业治理压力、持续运营压力、成本压力等。有学者从一般的产业链角度出发，确定了32种产业链共性压力；也有学者在分析印度绿色供应链及产业链管理的压力时，以一般性视角确定了65种压力。这一视角研究的局限性在于，产业链压力通常是产业链内部各类问题和外部环境共同作用的结果，而共性压力识别视角仅考虑了产业链的内部问题，忽视了外部环境的影响。此外，在共性压力识别视角下识别的产业链压力并未考虑不同类型的产业链本身的特殊性，例如化工产业链与电子商务产业链各具行业特色，其面临的压力应该也是不同的。因此，借助这一研究视角来分析重点产业链压力识别问题难免存在一定的局限性。

综上所述，目前针对重点产业链压力识别的研究为相关领域提供了重要参考，然而，这些研究亦存在不足之处。

压力识别是首要步骤。虽然学界对产业链压力识别已开展部分研究，但是现有的压力识别框架并不适用于重点产业链的压力研究，原因在于现有研究要么针对某一重点产业识别其产业链压力，缺乏普适性；要么聚焦于产业链内部问题产生的压力，忽视了外部环境的作用。由于产业链压力是产业链内部问题和外部环境共同作用的结果，从压力形成机制角度识别重点产业链压力将是一个重要的研究方向。本书将在第三章详细探讨重点产业链的压力识别。

2. 压力测试

现有关于产业链压力测试的研究较少，主要集中在金融领域和计算机领域。虽然这些领域的压力测试研究成果对重点产业链的压力测试具有重要指导与参考意义，我们却不能直接照搬相关的理论和方法，理由如下。

第一，金融领域和计算机领域的压力测试对象分别是单个金融机构和单个软件/网站。从抽象角度看，现有压力测试聚焦于测试单个"点"的压力。然而重点产业链的压力与这些领域的压力是不一样的，重点产业链是由多个企业主体链接而成，其承压能力取决于多个主体的协同承压能力，而不仅仅是某个主体（即单个"点"）的承压能力，因此无法照搬金融领域和计算机领域对单个"点"的压力测试理论和方法对重点产业链多个主体"点"协同抗压能力进行测试。亟须突破单个"点"视角，构建基于多主体的压力测试理论和方法并对重点产业链的压力进行测试。第二，重点产业链的核心在于"链接"，即重点产业链是由多个企业主体作为"点"链接而成的"网络结构"，一旦企业主体间的某一环节的压力超过负荷发生断裂就可能导致整个重点产业链断链。因此，重点产业链的压力测试也应该考虑企业主体间的结构的承压能力。然而，现有针对单个"点"的压力测试方法无法测试结构的承压能力,所以金融领域和计算机领域的压力测试理论和方法对测试重点产业链压力不适用,需要基于重点产业链结构构建新的压力测试理论和方法。第三,金融领域和计算机领域测试的压力各不相同。金融领域的压力测试,主要测试市场、信用、操作、流动性压力;计算机领域的压力测试主要是对软件或网站负载压力的测试。然而,重点产业链的压力与上述压力都不相同,无法借鉴上述领域的压力测试方法。具体地,传统基础产业链长期处于全球价值链中低端,存在"不强"的问题;战略性新兴产业链的关键技术还不成熟,存在"不稳"的问题。"不强"和"不稳"导致两类产业链分别面临着高端跃升压力和自主可控压力。这两类压力与金融领域和计算机领域面临的压力完全不同,需要根据重点产业链压力的本质特征使用新的压力测试理论和方法。第四,现有的压力测试方法的出发点是在极端但仍有概率发生的冲击或重大事件发生时分析金融机构、软件/网站的压力承受极限。然而,对于重点产业链来说,只测试极端、罕见情况下的承压能力是远远不够的,因为重点产业链具有"链接"性,即使是经常性压力导致的一个环节的波动也有可能最终波及其他环节甚至其他产业链。因此要保障重点产业链稳定运行,不仅要对极端情况下的压力进行测试,也要对常态下的压力进行动态监测。然而,金融领域和计算机领域的压力测试方法都是基于极端负面冲击的假设进行分析,不适用于常态下压力的实时、动态监测。因此,亟须构建新的压力测试理论和方法,构建的压力测试体系应同时具备对重点产业链在极端情况下的压力进行高质精准预警,也能够对其在常态情况下的压力进行实时动态监测。

综上所述,现有研究在如何对重点产业链压力进行监测和预警这一问题上关注不够。因此,构建重点产业链压力测试的理论、方法及实施框架是一个需要深度探讨的课题。鉴于前述因素,本书在后续篇章中,将首先研究如何识别与分类重点产业链所承受的压力。其次,针对各类重点产业链的压力特点,构建专门的压力测试理论、方法和实施框架。最终,本书将提出一套系统的压力测试保障机制。本书将在第四至第七系统阐述重点产业链压力测试理论（第四章）、压力测试方法（第五章）、压力测试实施框架（第六章）以及压力测试保障举措（第七章）。

3. 压力治理

压力治理是为确保重点产业链风险识别与评估的有效实施而建立的一套科学合理且运行高效的方法与机制。首先构建起一套明确的检验与审核机制，明确各个步骤的责任归属及期限，以保障各项任务能够依次顺畅地执行。其次，要制订详尽的工作计划和实施方案，包括数据收集、数据分析处理、压力测试、结果反馈等各个环节的具体安排，确保工作能够按照既定计划稳步推进。再次，需构建一个跨部门、跨行业的协同合作机制，以推动信息交流与资源共享，从而防止信息孤岛和重复劳动。通过建立统一的信息共享平台，各部门、各行业可以及时获取所需信息，提高决策效率和协同能力。最后，还需加强人员培训和技术援助，以提高测试评估团队的专业水平和实操能力，保障测试结果的准确性和可靠性。

总之，构建科学高效的实施体系与运行机制，并构建长效保障机制，便能保障重点产业链的压力测试与评估的持续有效实施，进而为产业的持续发展提供持续有力的支撑。此举有利于增强重点产业链韧性与稳定性，从而确保国家经济安全及产业的健康发展。在实施过程中，还应注重与实际情况相结合，动态优化监测评估方法、指标和权重。同时，还应定期对实施方法与机制进行回顾和总结，建立问题发现与改进机制，确保整个测试与评估体系的持续完善和优化。本书将在第八章详细探讨重点产业链的压力治理。

（二）重点产业链压力管理原则

重点产业链压力管理原则是为了确保在面对各种压力和挑战时，产业链能够稳定、高效地运行。重点产业链压力管理原则主要有以下几个。

1. 全面性

全面性原则要求进行全流程覆盖、全面风险识别、全方位协同、全覆盖监控和全生命周期管理,包括规划设计、建设运营、退出淘汰等环节,确保压力管理的每个方面都得到充分关注。实施全面性原则需要系统化的管理策略、风险分级管控、员工培训机制和动态调整方案,从而提升产业链的整体韧性和压力应对能力。

2. 协调性

协调性在重点产业链压力管理架构中起关键作用,旨在确保在面对压力和风险时,产业链各环节和相关利益方能够协同合作,实现资源的最优配置和效率最大化。产业链协调性不仅涉及企业内部各部门的协作,还涵盖产业链上下游企业之间以及行业层面的多方协同,各层次之间密切协调,确保政策、资源、信息的有效传递和利用。压力管理中的各个环节(压力识别、压力测试、压力治理)之间也需要协调统筹。通过内部协调、上下游协同、行业协作和技术协同等多方面的努力,确保产业链各环节在面对压力和风险时能够紧密合作,共同应对挑战。实施协调性原则需要建立健全的协同管理机制、优化信息系统、强化合作伙伴关系和构建行业协作平台,从而提升整个产业链的韧性和竞争力。

3. 灵活性

灵活性原则旨在确保在面对不确定性和突发事件时,通过快速响应能力、资源调配能力、生产柔性化能力、生产和运营灵活性、战略调整能力以及协同机制灵活性,使产业链上的各环节具备快速调整与适应变化的能力,以确保运营的持续性和稳定性。灵活性不仅意味着能够迅速应对短期压力,还包含着对长期发展的适应能力。重点产业链压力管理必须保持适度弹性,能够根据实际情况做出必要的调整及改进。企业和行业应该建立柔性化生产管理体系,以新的方式适应快速变化的市场环境。例如,开展压力测试过程中,若测试方法适用性不强,应该灵活调整测试方法,适配差异化压力场景。

4. 可持续性

可持续性原则旨在确保产业链在应对各种压力和风险时,实现经济、社会和环境的可持续发展。可持续性不仅关注短期发展,更注重长期发展，通过科学的管理和技术创新，推动产业链走向绿色、低碳、循环发展的可持续道路。重点产业链压力管理的可持续性，一是强调既能应对短期压力又能应对长期压力，二是强调压力管理措施的适当性，特别是压力测试和压力治理不影响重点产业链的可持续发展。

5. 透明性

透明性原则旨在确保信息的公开、准确和及时传递，使得各利益相关方能够充分了解产业链运营状况，从而提高信任度和合作效率，加强风险管理和促进决策优化。在进行重点产业链压力管理时，要提高产业链各环节、压力管理各环节的信息透明度，确保信息流动畅通。建立透明的压力管理信息系统，使各方都能及时获取必要的信息。

6. 创新性

重点产业链压力管理需要具有创新性，应在压力识别、压力测试及压力治理环节融入创新要素。贯彻创新性原则需构建创新管理体系、加大研发投入、加强技术合作、推动管理创新与商业模式变革，培育创新文化，以促进产业链持续健康发展，确保产业链在应对多重压力挑战时，能够找到新的解决方案和发展路径，提升重点产业链的整体韧性和国际竞争力。

7. 系统性

系统性原则是重点产业链压力管理框架的基石，致力于运用综合性手段，保障产业链压力管理中的诸多环节与要素能够协同发挥作用，进而增强整体的响应能力与稳定性。系统性强调从全局出发，统筹各个部分的资源和功能，确保管理措施的全面性和一致性。将重点产业链压力管理作为一个有机系统，确保各环节之间的联动和协同。综合考虑供应链、生产链、销售链、资金链等多个方面，关注压力识别、压力监测、压力预警与压力处置等各个环节，实现全链条动态优化。

通过遵循这些原则，可以更有效地应对各种挑战，确保产业链的稳定性、高效性和可持续性运行。

第二章　移动互联网与重点产业链发展概述

第一节　我国重点产业链发展背景

一　研究背景

（一）发展重点产业链的政策背景

2023年中央经济工作会议强调完善新型举国体制，实施制造业重点产业链高质量发展行动，加强质量支撑和标准引领，提升产业链供应链韧性和安全水平。推进"聚链成群、链式发展"，推动产业上下游企业的共同壮大，孵化众多专精特新企业，打造协作高效、融合畅通的发展格局是制造业重点产业链发展的必由之路。此外，还要加强统筹协调，加大政策支持力度，强化资金、技术、人才等要素保障，及时帮助企业纾困解难，激发创新创造活力。

习近平总书记凭借深远的历史洞察力、广阔的国际视野以及深刻的战略思维，针对产业链现代化的推进，发表了一系列重要论述。这些论述为新时代产业链的发展提供了根本遵循和行动指南。党的二十大报告深刻指出，"着力提升产业链供应链韧性和安全水平"，"推动创新链产业链资金链人才链深度融合"。在新时代的征途上，我们必须深刻理解并准确把握习近平总书记关于产业链现代化的重要论述精髓，准确掌握其核心含义与实践要求，加速推进产业链的现代化进程。

综上所述，我国对发展重点产业链给予了极大的政策支持，这既为我国推动重点产业链高质量发展打下了坚实的基础，也为重点产业链的发展提供了指导方针。在国家政策的强力推动下，我国核心产业链已成功开拓了新兴领域与赛道，全国范围内掀起了争夺高端自主创新制高点的热潮。各地通过高效配置资源激活生产要素的内在活力，为产业链的转型升级创造了前所未有的新机遇。

（二）发展重点产业链的经济背景

首先，国家经济实力的增强与制造业规模的扩张显著正相关，当前，我国制造业正逐步从追求规模向高质量发展转型。根据工业和信息化部2022年的数据，我国制造业增加值在全球的份额已从2012年的22.5%提升至2021年的近30.0%，我国持续保持世界第一制造大国地位，供给体系质量大幅提升。在新发展阶段，深入推进质量升级和标准化工作，是塑造制造业核心竞争力、推动重点产业链迈上新台阶的关键路径。但是，在制造业部分关键领域仍存在"规模优势与质量效益不匹配"的问题，如在高端芯片、数控机床、航空发动机等领域。

其次，世界正经历百年未有之大变局，国际环境日趋复杂多变，全球经济低迷，全球产业链与供应链正面临着重构的挑战。伴随着移动网络技术、物联网（IoT）、云计算、大数据等新型信息技术的飞速进步，众多行业特别是那些技术含量较高的行业，其生产组织方式正在全球产业链的分解、重构以及革新过程中经历着根本性的变革。这一变化导致国际产业分工的传统"微笑曲线"发生重大变化，各环节创造的附加值也随之发生了显著变化。全球价值链正在经历新一轮的重组。随着国际经济秩序的深刻变革，全球价值链的重组成为一种不可逆转的趋势。在此过程中，高科技产品价值链上的劳动密集型制造阶段尤其具有成为核心领域的潜力。面对这一态势，中国亟须把握技术革命的新契机，加快培育高端制造新优势，主动参与全球价值链的重构进程，以提升自身的国际地位。

不可否认，我国当前的产业链及供应链存在多个"瓶颈"和"堵点"，在全球产业链、供应链出现局部调整的情况下，这将给我国经济的顺畅运行带来负面影响。全球产业链的重组带动了劳动分工的转型，这为发展中国家带来了新契机。相关国家可通过国际合作引入来自发达国家的先进中间技术产品，进而通过技术合作享受研发成果和技术外溢的红利。因此，我国需抓住发展良机，优化产业布局，增强供应链弹性，以深度参与并引领全球价值链的重组。

综上所述，为了继续落实制造强国战略，亟须对重要产业链进行转型升级，以加强其对社会经济高质量发展的拉动作用。为了促进产业链的高质量发展，我们必须加速推进新技术的大规模应用及迭代升级，持续提升产业链的整体水平；加速推动科技成果转化为实际生产力，构建起从科技优势到企业繁荣、产业兴盛，进而促进经济蓬勃发展的畅通桥梁。这一系列举措将形成新的增长动力源，为经济的持续健康发展提供强劲动力。

（三）发展重点产业链的国际环境

近年来，随着全球局势的持续动荡，"逆全球化"的趋势越发明显，国际自由贸易受阻，为此，主要经济体开始追求制造业独立自主。同时，地缘政治因素导致风险增大和危害加剧，例如，美国对我国实施的一系列遏制和打压措施，已经对我国产业的发展造成了显著影响。美国通过推行新制度政策、构建新联盟等手段，意图颠覆现有的全球产业分工格局，并试图动摇我国在全球产业链中的地位。

此外，美国于2022年8月9日颁布的《2022年芯片与科学法案》（CHIPS and Science Act of 2022）对我国产业发展构成了进一步阻碍。该法案不仅包含了巨额的补贴、税收优惠以及科研经费支持，还专门针对我国芯片技术和产业发展设定了诸多限制。它限制我国企业进口先进制程芯片生产设备，并严格限制外国公司在我国设立14纳米以下制程芯片工厂，从而严重阻碍了我国芯片的研发、生产和销售活动。

综上所述，出于国家安全和实体产业稳步发展的考量，加快扶持和发展重点产业链尤为重要。产业链安全可控能力强、创新力和附加值高，现代化产业体系和国家安全的基础就会更稳固，就有了进一步做强做优制造业的重要基础。因此，在推进重点产业链发展的过程中，我们必须将产业安全、经济安全以及国家安全牢牢掌握在自己手中，确保在激烈的国际竞争中能够稳稳立足。

二 重点产业链发展与压力识别的重要性

(一) 发展重点产业链的重要性

随着我国经济实力的增强和制造业规模的扩大,单纯追求规模扩张的模式已不适应当前的发展要求。发展重点产业链不仅在经济安全、政治安全层面具有重要意义,还是应对全球变局的战略举措。

首先是经济层面的分析。

第一,重点产业链的壮大是构筑现代工业体系的核心要素。推动产业链现代化不仅包括传统基础产业链的转型升级,也包括战略性新兴产业链的迭代与创新。借助补强薄弱产业链、拓展强势产业链、提升传统基础产业链及构建战略性新兴产业链的策略,我们得以巩固传统产业的领先优势,并打造新的竞争优势。这不仅能强化产业发展的连续性与核心竞争力,也将推动全面增强产业结构的现代化程度。

第二,重点产业链的发展对于构建新发展格局具有重要意义,其关键在于畅通经济循环,这是构建新发展格局的核心要义。推动产业链供应链优化升级,对巩固我国国内大循环的核心地位、增强在全球大循环中的影响力具有重要战略意义。

第三,重点产业链的发展是推动经济长远发展的坚实基石。产业链现代化的核心在于科技的现代化。当前,我国创新链条上尚有许多体制机制障碍,科技、教育、产业与金融之间的协同联动机制尚不健全,整体创新体系效能亟待提升。因此,促进产业链现代化进程要求强化企业科技创新主体地位,推动创新链、产业链、资金链、人才链的深度融合。应激励产业链上的各企业特别是科技领军企业,整合创新要素并集中资源,加快新技术的规模化应用与迭代升级,从而不断提高产业链的整体素质,为经济稳健可持续发展注入强大活力。

总之,重点产业链的壮大是增强国家产业竞争优势、促进高质量发展的必由之路。这不仅对于构筑现代化产业体系至关重要,而且是形成新的发展格局的必要条件,更是推动经济可持续发展的基石。依

产业链韧性打造：基于重点产业链压力的视角

托重点产业链的成长，我们可以提高供应链的弹性和安全性，从而提高我国在世界经济体系中的地位及影响力。

其次是政治层面的分析。

第一，重点产业链的发展是维护国家经济安全和国家利益的重大战略部署。在全球局势动荡不安及逆全球化趋势加剧的背景下，产业安全正面临前所未有的挑战。当前，提升重点产业链韧性和安全水平，已上升到关系国家利益和安全的战略高度，并成为我国现代化建设的战略支撑。打造安全可靠的重点产业链、增强产业链及供应链的自主可控能力，是保障国家经济安全、捍卫国家利益的重要任务，也是应对外部风险挑战、实现国家长治久安的必由之路。

第二，重点产业链的发展是推动全球化进程、构建人类命运共同体的坚实基础。中国愿与全球伙伴共同把握新一轮科技和产业变革带来的崭新契机，共同铸就安全稳固、开放包容、互惠共荣的全球产业链与供应链，致力于推动全球经济循环加速、促进全球经济增长、提升各国民众幸福指数，为世界贡献中国力量。

最后是应对全球变局层面的分析。

第一，发展重点产业链是抵御全球格局变化中外部冲击的关键所在。当前，科技革命与产业变革正深刻重塑全球经济格局，然而，个别国家却罔顾国际关系准则和国际贸易法规，持续加强对我国的遏制。此举非但放大了"脱钩断链"的风险，亦给我国供应链和产业链的稳定性及市场竞争力带来了新的挑战。2017年以来，美国对中国高端科技产业发动了全方位的打压，目的是推动技术领域的脱钩。

第二，发展重点产业链是全球产业链重构的必然趋势。一方面，全球部分产业正从中国向美国、欧盟、日本等发达经济体及东南亚国家等发展中国家转移；另一方面，美国、欧盟等发达经济体也在积极推动制造业回流，并以国家安全的名义推行"友岸外包"等政策。在此背景下，全球产业链正朝着本土化、区域化和多元化的方向加速重构。我国需着力培育内在动力，把握新的发展契机，加速推进产业链的优化与革新进程，以便更深层次地融入国际产业分工体系。在全球经济和政治格局持续演变的大环境中，聚焦重点产业链的发展，能显著增强国家面对外部冲击的抵御能力。凭借核心技术的突破与资源的有效整合，打造一个独立可控的产业体系，可降低关键领域对外依存度，保障国家经济高质量发展。在新时代的征途上，推动重点产业链现代化，不仅是时代的要求，也是发展的必然选择。

（二）重点产业链压力识别的重要性

重点产业链压力识别具有重要现实意义，通过科学的方法对产业链风险节点进行系统识别与科学评估，可以为政府部门与市场主体提供决策支持，推动产业的健康可持续发展。

第一，压力识别有助于保障产业安全。通过识别和评估重点产业链的压力点和脆弱点，可以及时发现并防范化解潜在的产业链安全风险。这些风险可能来自供应链中断、技术瓶颈、市场需求变化等多种因素，对产业链的稳定性和可持续发展构成威胁。因此，及时识别和应对这些压力点和脆弱点，对于确保产业链安全发展具有重要意义。

第二，压力测试可优化资源配置。洞察并衡量重点产业链的风险程度与敏感环节，对于精确掌握产业发展的需求与制约因素至关重要。这可以为政府和企业提供更科学的决策依据，优化资源配置，提高资源利用效率，推动产业链的协同发展，实现产业链的整体优化升级。

第三，风险与压力识别可提升产业竞争力。重点产业链作为国民经济的重要支柱和核心竞争力的集中体现，其健康发展对于国民经济发展质量的整体提升至关重要。

第四，压力识别在产业链转型优化中发挥着至关重要的作用。重点产业链涵盖了传统基础产业链和战略性新兴产业链两大领域。传统基础产业链作为国民经济的基础，其转型升级对于提升整个产业体系的现代化水平具有重要意义。通过细致的辨识与评估，我们得以揭示产业链中的制约因素及薄弱环节，进而有的放矢地促进传统基础产业链向高端、智能、绿色方向变革，以此巩固现代化产业体系的基础架构。对于战略性新兴产业链，借助压力识别，我们能迅速洞察其发展路径与潜在价值，促进其现代化变革，可加速新能源、智能科技、生物工程等尖端技术的研发及产业化应用，构筑引领未来进步的新增长极。

第五，压力识别有助于促进产业链融合。传统基础产业链与战略性新兴产业链不是割裂的，它们之间存在着互为支撑、相互促进、共同发展的联系。传统基础产业链为战略性新兴产业链提供了基础支撑，而战略性新兴产业链则为传统基础产业链注入了新的技术活力和创新动力。通过识别和评估产业链中的压力点和脆弱点，我们可以更好地发挥传统基础产业链的作用，为战略性新兴产业链的发展提供有力的支撑和保障。

第六，压力识别有助于抵御外部冲击。在全球经济一体化的大环境中，国际经济状况的波动有可能对我国关键产业链构成冲击。通过监测预警与评估产业链的压力指数与脆弱性指标，可以更好地应对外部冲击、控制风险损失，这有助于保障国内产业链稳定和发展、维护国家经济安全。

综上所述，在推动重点产业链发展的同时，压力识别也至关重要。基于 SCP 分析模型等对重点产业链中的压力进行识别，可以帮助精准应对压力，实现重点产业链优化升级，促进高质量发展，培育新发展动能。

三　重点产业链的发展与演化

我国重点产业链经历了两个发展阶段。

第一个阶段是传统基础产业链形成阶段。随着我国加入世界贸易组织（WTO），国际市场对中国经济的依存度显著提升，制造业产业链凭借其劳动密集、产值高、产业关联度高以及产业链条完整等优势，日益发挥着不可或缺的作用。但总体来讲，传统基础产业链还处在全球价值链的中低端，产品附加值不高。

第二个阶段是战略性新兴产业链形成阶段。"十四五"时期，借助新一轮科技革命和产业变革的浪潮，我国得以跻身国际科技前沿，PCT 国际专利申请量占比达 25.3%，开启创新征程。在此大环境下，我国凭借关键技术革新和发展需求,形成了一批对国家经济社会整体具有重大引领作用和推动作用的战略性新兴产业链。这些产业链具有技术密集、低资源消耗、可持续增长潜力强和综合效益显著的特征。尽管如此,在产业经济学视角下,我国的战略性新兴产业链尚在起步阶段,存在上游研发投入不足、中游成果转化率低、下游市场渗透有限的结构性矛盾,核心技术与关键环节尚存在短板。

四 机遇与挑战

推动重点产业链发展是时代所需、发展所需,意义重大、影响深远。这是保障国家经济安全、维护国家利益的重要战略举措,是推动经济长远发展的重要支撑。重点产业链是产业链的核心。目前新一代生物、信息和制造技术正在迅速发展,全球产业链重构浪潮袭来,重点产业链的国际竞争力已成为全球价值链重构的基础。全球局势变化和各种技术的整合,既为我国重点产业链的发展提供了实现跨越式发展的机会,也使我国重点产业链面临着前所未有的风险与挑战。

(一)我国重点产业链发展面临的机遇

1. 全球产业链与价值链重构

全球产业链重构有利于我国突破"中低端锁定"的困境。在全球分工深化、国家间利益分配调整以及逆全球化趋势抬头的背景下,全球价值链正面临新一轮重大重组,发达国家的主导地位逐渐被动摇。为了把握全球价值链重塑的契机,我国重点产业链必须确立自身的竞争优势,精准确定重塑路径,加快制定战略规划,摆脱被动的低端融入状态,力争占据经济与科技发展的制高点。具体而言,中国高新技术产业应持续推动自主创新,塑造本土价值链领导力;结合高新技术产业发展现状,科学规划重构路径,促进国内外价值链的深度融合,以增强应对外部冲击的能力;同时,中国应积极参与全球多边贸易治理,推动构建共赢式新型全球化体系。

全球产业链重构带来更多国际合作机会。在全球产业链重构的多元化浪潮中,产业链、供应链的跨区域转移带来了两大积极影响。首先，它为国内产业转型升级释放了资源和空间，使得成熟产业的迁移为新兴产业提供更多发展资源。其次，这一转移过程在全球生产网络的框架下，实质上拓宽了中国与世界其他国家和地区的开放合作领域，不仅加深了中国与产业转移目的地的联系，还提升了产业链层面的国际关联度，从而扩展了我国的对外开放合作范围，创造了更多国际合作机会。我国数十年的经济飞跃得益于对外开放政策，展望未来，追求高质量发展必须依托高水平对外开放。因此，拓展国际合作伙伴网络和增强产业链的联动性，均促进了开放程度的进一步提高。这将助力我国在全球范围内更高效地运用各类资源，特别是尖端生产要素，从而有效促进产业链和供应链的优化升级。辩证地看，全球价值链多元化趋势下的"中国+1"乃至"中国+N"模式是中国化解产业链与供应链不安全和不稳定风险的重要途径。

全球产业链重构倒逼我国产业由外源式创新向内源式创新转变。改革开放以来，我国依靠承接产业转移、引入技术以及之后的消化、融合和跟随策略，形成了较为完善的创新体系。跨国巨头往往将关键性技术留在本土，仅将较为成熟的技术转移至东道国，这使得东道国在技术进步上常常仅限于满足本地市场需求的技术改进。当前，此类成熟技术转移所带来的红利已逐渐消失。引人注目的是，我国具有巨大的市场容量，国内市场规模庞大、结构清晰、需求多样，为企业提供了广阔的发展空间和包罗万象的生态环境。在这个情景中，我国的创新路径正逐步转变为以内源式创新为核心，具有自主创新、合作创新和整合创新的特征。

2. 数字经济塑造全球经济新格局

生产要素方面，近年来我国所依赖的传统资源优势正在持续减弱。与此同时，一系列新的非资源型竞争优势正在悄然出现。随着数字经济的发展，数据已成为新兴的生产要素。新时代背景下，世界范围内的制造业正快速向智能化方向转型。在此过程中，人工智能技术正日益成为增强制造业竞争力的关键力量，为此，世界各国正围绕核心技术、顶尖人才及标准规范加强布局，旨在在新一轮国际科技与产业竞争中占据先机。其中，数字化与信息化是推动制造业及产业链智能化发展的关键。我国数字经济的规模已跃升至全球第二。借助数据要素的激活，实体经济特别是传统制造业的信息化革新和转型得以加速，推动了数字经济与实体经济的深度融合。

技术工具方面，面对巨量信息的收集、保存、调用与分析任务，传统的数据库技术暴露出不足。制造业企业面临的数据管理挑战尤为显著，需应对涵盖产品、运营、价值链、外部数据等在内的大量数据。随着大规模定制与网络协作趋势的增强，企业还需实时获取并处理来自消费者的个性化网络数据，以及管理更多种类的相关数据。大数据技术采用新型处理模式，能从各类数据中高效提炼出有价值的信息，助力企业深化理解、洞察先机并做出精确决策。在产业链迈入关键成长期之际，海量数据的处理与分析将成为核心推动力，依托云计算技术构建的数据中心，将承担起存储与分析大量信息的任务，进而引领决策制定和未来发展路径的确定。大数据技术将为产业链带来诸多益处，包括流程优化、成本降低以及运营效率提升。

3. 国家对发展重点产业链的政策支持

我国针对促进产业链现代化及高质量发展，出台了一系列扶持政策，为新时代加速产业链进步奠定了基础准则和实践指南。党的二十大报告强调要着力提升产业链供应链韧性和安全水平。各级政府出台相关政策，加大了保障力度，同时促进创新、产业、资本与人才之间的深度融合。

4. 国内市场环境向好

从我国国内市场视角分析，超大规模内需、优越的消费环境、巨大的消费潜能及强烈的品牌认知等新兴机遇，正推动全球价值链中采购者驱动型价值链领导地位和核心竞争优势的诞生。我国拥有广阔且需求多元的国内消费市场，拥有全球规模最大的中等收入群体。这一市场优势不仅是经济高质量发展与民生持续改善的重要支撑，也是我国经济社会抵御风险的基础，更是维护产业链与供应链稳定的重要保障。随着产业服务体系与配套基础设施的显著改善，无论是消费性服务业还是生产性服务业,众多现代服务业正通过创新模式,加速向高端化与柔性化转型。例如,依托低时延5G通信网络设施以及增强现实(AR)技术,远程医疗得以实现;文化娱乐领域的数字化制造与消费体验,亦依赖与众多新兴制造业产品的深度融合。

(二) 我国重点产业链发展面临的挑战

1. 全球产业链重构带来冲击

第一,发达国家产业回流。在全球价值链分工框架下,中国产业尤其是制造业的迅速扩张与转型升级,主要得益于积极承接发达经济体的产业转移和技术扩散。然而,当前全球经济面临增长动力不足等多重挑战,经济增长下行趋势显著,而我国正处在经济发展方式转型、产业结构升级与增长动能转换的关键阶段,这一转型期往往会放大经济增长的下行压力。

在全球产业链重构的新形势下,发达国家力图促使跨国企业将制造环节转移至国内,此举对中国产业进步特别是产业链供应链现代化升级构成了严峻挑战。更为重要的是,这轮产业回归不仅仅局限于劳动密集型产业,还涵盖了技术密集型产业。

一方面,经济结构调整与增长减缓压力交织,若再加上产业转移带来的"候鸟经济"影响,无疑会放大经济增长下行的压力,令"保持增长"与"推动升级"的冲突愈发显著。另一方面,产业迁移不仅是实际项目或公司的设立,也促进了产业链协同发展,引发了技术扩散,跨国企业得以通过这些效应实现自身提升,从而有效促进产业层面的提质增效。此外,借助技术外溢效应,这一进程也会助力产业链及供应链的优化与进步。

综上所述,全球经济的不稳定导致增长动能减弱,经济下行风险持续加剧。在全球产业链重构的背景下,多个产业出现回流趋势,且不限于劳动密集型产业,还包括中高端环节的回流。这对中国产业链造成了一定冲击,影响了产业转型升级进程。

第二,产业转移和贸易转移风险增大。复杂多变的国际局势将对现有的产业和产品内部分工体系构成冲击,导致原本由西方发达国家跨国公司主导的全球产业链面临规模缩减、范围收缩和地理布局调整的挑战。具体而言，国际竞争加剧促使产业链转移。同时随着我国生产成本的上升，原先从我国出口的商品也转而由其他国家或地区生产，即发生贸易转移。例如，在贸易摩擦的背景下，众多跨国公司为寻求更低的成本，选择将部分产业链向南亚、东南亚等地区转移，以分散布局。

2. 产业链外循环受阻

从整体视角来看，贸易依存度是衡量产业链对外部供需依赖程度的重要指标，它反映了外循环在产业链中的地位。贸易依存度定义为贸易总额占 GDP 的比重，可细分为进口依存度和出口依存度。2000~2019 年，中国产业链的贸易依存度先快速上升后波动下降（见图 2-1）。具体而言，自 2001 年中国加入 WTO 后，贸易依存度急剧攀升，2006 年达到峰值 64.5%；2007~2009 年，受金融危机影响，贸易依存度开始下滑且降幅较大；2010~2019 年，随着全球经济复苏，贸易依存度短暂回升，后持续稳步下降，2019 年降至 35.7%，且外循环占比已低于 2000 年的水平。出口依存度与进口依存度的变化趋势与总体贸易依存度一致，这表明中国产业链已逐渐转向以内循环为主导。

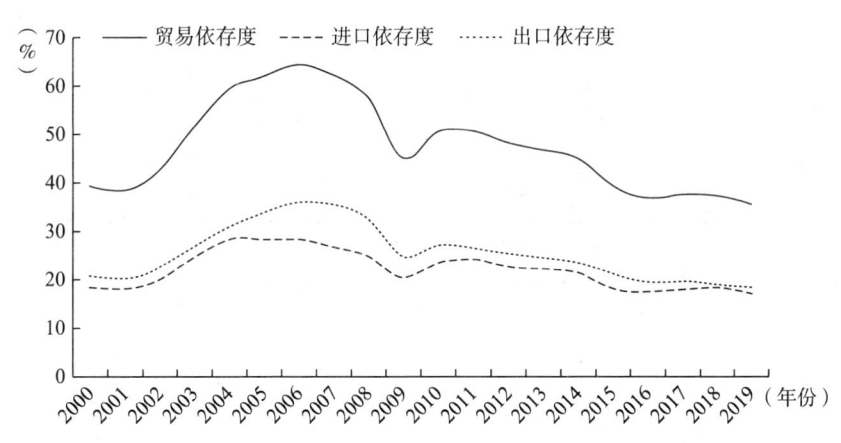

图 2-1　2000~2019 年中国贸易依存度变化

资料来源：Hongfu 和 Ye（2021）。

产业链韧性打造：基于重点产业链压力的视角

3. 制造业亟待升级

第一，中国制造业增加值占比下降。作为效率提升最为突出的行业，生产制造领域对拉动经济增长具有巨大的推动作用，同时也显著地展现了产业链中各环节的分工特色。因此，通过制造业透视中国产业链现状极具代表性。近年来，中国制造业取得了显著成就，但其在国民经济中的比重却有所降低。根据国家统计局2010~2019年的数据（见图2-2），自2010年起，中国制造业规模持续扩大，增加值从13.0万亿元增长至2019年的28.1万亿元，实现倍增；其在GDP中的占比却从2011年的峰值31.9%下降至2019年的28.4%，但仍保持在28%以上。与发达国家相比，中国制造业的技术水平相对较低。尽管我国众多制造行业的产量居全球首位，但这些行业普遍技术含量不高。在高端芯片、工业设计软件、高精度数控机床等高科技领域，自主生产能力和研发能力存在明显不足。

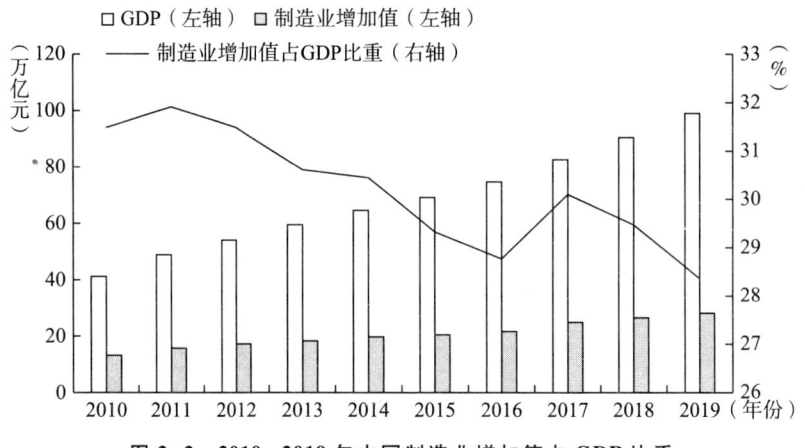

图2-2 2010~2019年中国制造业增加值占GDP比重

资料来源：Hongfu 和 Ye（2021）。

制造业增加值占比下降成为必然趋势，伴随产业细分的发展及服务导向型制造业的快速发展，按照传统计算方法，工业在经济中所占的比重将出现结构性调整。在此阶段，我国尚未进入高收入国家行列，我们必须防范过早陷入"去工业化"的陷阱。

第二，中国制造业处于价值链低端，整体附加值低。尽管中国产业正逐步向中高端迈进,但整体产业附加值仍有待提升,与发达国家制造业仍存在显著差距。改革开放以来,中国加速融入全球经济,主要通过加工贸易方式参与由发达国家跨国公司主导的全球生产贸易网络。在这一过程中,中国作为"世界制造中心",初期依靠加工出口贸易取得了巨额贸易顺差,但同时也面临被限定在低附加值生产环节的挑战。

在全球产业链与价值链中,发展中国家包括中国主要承担产品生产的低端加工任务,位于"微笑曲线"的底部。与此相对,高附加值的研发设计、品牌营销环节则牢牢掌握在发达国家的跨国公司手中。发展中国家所参与的这些环节通常是常规性、低附加值、创新机会稀缺且进入门槛较低的价值链低端部分,因此难以顺利沿价值链向中高端迈进,面临着"低端锁定"的困境,阻碍了产业链的转型升级。

4. 产业基础薄弱和技术核心竞争力不足

我国部分产业基础相对薄弱,关键核心技术存在"卡脖子"问题。改革开放以来,中国凭借庞大的市场规模、技术后发优势及低要素成本等优势,实现了快速发展,走上了一条后来居上的"发展快车道"。然而,在这一过程中,工业基础能力的薄弱成为制约中国工业发展的主要因素。具体表现为基础服务体系如计量、标准、认证以及信息服务等尚不完善,且信息化时代所需的基础软件、操作系统以及核心算法等高度依赖国外。高端产业成长不足,导致产业链价值层级偏低,数字化转型、智能化升级、绿色化变革以及服务化进程缓慢。

我国在关键技术与核心部件方面很大程度上依靠外部输入,国产化比例仅为整体的1/3,特别是高端专用芯片、智能终端处理器以及存储芯片,对于进口的依赖尤为严重。当前,我国各行各业普遍面临"芯片短缺""核心不足""基础薄弱"的挑战,症结在于基础科研及关键领域的创新动能匮乏。

确保关键核心技术自主可控,对于抵御部分先进国家可能采取的扼制手段至关重要,推进核心技术国产替代显得尤为迫切。全球正经历全球价值链重构和技术创新轨道的转型阶段，在此关键节点，突破这些技术瓶颈、增强产业链的核心竞争力至关重要。

因此，我们必须高度重视与发达国家的技术差距以及产业发展中关键核心技术供应不足的问题。同时，必须致力于培育"长板"技术，力求在技术水平上实现跨越式发展，以增强我国的产业竞争力和提高国际地位。

5. 产业发展受外部布局制约

多元化发展是化解产业链与供应链风险的有效途径，然而在实践中，一些发达国家常以产业链供应链安全为借口推行贸易保护主义。王鹏权（2020）提出，美国重塑全球价值链的三个主要目标几乎均针对中国：一是通过产业回流试图与中国产业分工"脱钩"；二是实施近岸外包，如《美墨加协定》（USMCA）中的原产地规则即为其推动此目标的重要手段；三是"中国多元化"战略，即将部分价值链环节从中国转移至其他亚洲国家和地区，形成"中国+1"乃至"中国+N"的多元化布局。相较于难以实现的第一个目标以及影响不仅限于中国的第二个目标，第三个目标不仅实现可能性极高，且对我国的针对性特征尤为显著。

产业链和供应链的多元化趋势无疑会削弱产业协同发展的动力。特别是在成本优势逐渐消失的情况下，产业集聚所带来的分工细化、知识溢出、技术进步、规模经济及产品异质性等效应都将受到一定程度的制约，从而对产业链与供应链的升级产生不利影响。

6. 产业链、供应链自主可控能力较弱

自主可控的产业链与供应链是确保我国产业安全及经济稳定的基石。其中"自主"意味着我国能在关键供应链中发挥主导作用，而"可控"则表明即便在某些产业链与供应链无法完全取得主导地位的情况下，我国也应具备较强的控制力与影响力。

当前逆全球化趋势加剧导致我国产业链与供应链面临"堵链""卡链""断链""掉链"等多重风险，因此提升自主可控能力以保障经济稳定发展显得尤为迫切。从内部审视，我国在产业链与供应链的核心技术创新能力及关键零部件制造能力方面存在明显不足。我国的出口竞争优势主要集中在加工组装等低附加值环节，对核心技术、原材料及关键零部件的进口依赖程度较高。我国在高端芯片、工业机器人、人工智能、高端数控机床等多个关键领域均存在研发、技术及制造能力的短板。技术封锁可能使我国企业在全球产业链中丧失议价能力和价值分配主动权。目前我国在基础研究与底层技术方面的技术储备尚显薄弱，短期内或难以改变核心技术与关键零部件依赖国外供应商的技术被动局面。我国重点产业链发展面临的机遇和挑战见图2-3。

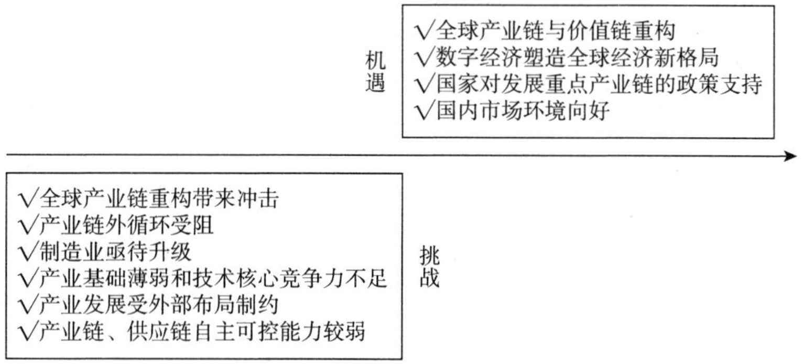

机遇
- √全球产业链与价值链重构
- √数字经济塑造全球经济新格局
- √国家对发展重点产业链的政策支持
- √国内市场环境向好

挑战
- √全球产业链重构带来冲击
- √产业链外循环受阻
- √制造业亟待升级
- √产业基础薄弱和技术核心竞争力不足
- √产业发展受外部布局制约
- √产业链、供应链自主可控能力较弱

图2-3 我国重点产业链发展面临的机遇与挑战

五 我国重点产业链存在的问题

（一）传统基础产业链存在的问题

1. 传统基础产业链中高技术产品占比较低

我国在诸多领域尚未拥有完整的纵向产业链，高技术产品所占比重相对偏低。联合国工业发展组织的数据表明，2020年，中国中高技术制造业增加值的占比为41.5%，而美国是46.1%，日本为56.9%，德国达61.3%；中国中高技术产品出口在制成品出口中的占比为61.4%，美国为65.1%，日本是81.5%，德国为73.4%。需要特别指出的是，高技术产品占比较低不仅意味着产品附加值不高，无法满足全面建成社会主义现代化强国的要求和实现共同富裕的要求，也意味着在全球产业分工和国际贸易中也处于不利的地位。

2. 传统基础产业链关键环节薄弱

我国传统基础产业链的关键环节较为薄弱,中间产品的进口规模依旧较大。部分关键中间产品,其全球生产、出口以及原材料进口都集中在少数几个国家,从而导致了巨大的供应链中断以及"卡脖子"风险。以出口中心度指数(ECI)和进口市场集中度指数(IMCI)这两个指标来衡量,我国有62种中间品的出口中心度和进口市场集中度都较高,供应链脆弱性特征显著,其中,"电机、电气设备及其零件;录音机及放声机、电视图像、声音的录制和重放设备及其零件(HS-2:85)""核反应堆、锅炉、机械器具及零件(HS-2:84)""光学、照相、医疗等设备及零附件(HS-2:90)"是我国供应链脆弱性最强的三个行业。此外,李先军和龙雪洋(2024)指出,作为制造业和部分高科技产业的重要投入品,我国集成电路生产能力显得尤为薄弱,2022年,集成电路进口额达到4156亿美元。

3. 传统基础产业链创新驱动不足

我国众多传统产业处于产业链的中低端位置,高附加值产品供给不足,核心问题在于核心创新能力不足,科技成果转化率偏低,融合发展机制亟待完善。这使得我国企业每年需支付高昂专利许可费和设备购置费,从而抬高了产业数字化转型的成本。美国半导体协会(Semiconductor Industry Association)2020年度报告显示,2020年中国芯片的进口额达3800亿美元,约占中国进口总额的18%。

第一,创新链的核心动力不足,原始创新能力仍有待提升。我国科技创新领域"重应用、轻基础"的问题较为突出,基础研究投入不足。国家统计局发布的《2020年全国科技经费投入统计公报》显示,基础研究经费在R&D经费中所占比重仅为6.0%,远低于发达国家15%的平均水平。基础研究经费占比过低导致科技创新的自主性相对较弱,产业链高质量发展的原始创新能力有待提升。

第二,科技成果就地转化和承接技术转移的能力未得到充分发挥。《经济日报》刊发文章《推动产业链与创新链深度融合》指出,我国每年的科技成果转化率约为10%~15%,与发达国家40%左右的水平相比，仍存在较大差距，科技资源优势尚未充分转化为产业发展优势。

第三，互融互促机制需进一步优化。企业部门尚未成为基础研究的主体力量。此外，科技创新成果转化机制尚不健全。

4. 传统基础产业链要素供给不足

传统产业对劳动力、土地及资金等要素资源有较强的依赖性，然而，这些要素的有效供给不足问题凸显。

第一，劳动力众多与高技能工人短缺并存。2023年9月，人力资源和社会保障部数据显示，我国技能人才总量已超2亿人，占就业人员总量的26%以上；高技能人才超过6000万人。但"设备易获、技工难求"的情况较为普遍，即便是一些老牌制造业企业也出现了高技能人才"断层"现象，许多关键岗位不得不返聘已退休技术工人来把关。

第二，工业用地供需矛盾突出和使用效率低下并存。一方面，尽管自2016年起，全国城市工业用地总体保持稳步增长，但供给依旧难以满足需求，一些地方现有的工业用地基本完成项目覆盖，新项目用地只能进入用地审批候补程序。另一方面，一些企业节约用地的意识薄弱，低效用地、闲置厂房以及空置土地的问题较为突出；一些企业的企业资质或用地审批手续存在不规范、不完整情形，致使工业用地长期批而未供、圈而未建。

第三，金融支持短期反弹与长期供给不足并存。在政策压力和疫情的影响下，制造业的金融供给有所反弹。2020年我国新增制造业贷款2.2万亿元，是2019年的2.6倍，其中中长期贷款增长30.6%。但在实际运行过程中，金融业在支持制造业发展方面仍存有一定顾虑。由于传统制造业的改造效果难以预估，金融业面临着风险较高、贷款期限长、收益不确定等挑战，在具体实践中存在"输血"意愿不够坚定等问题，以至于有的机构在对退出方式和节奏的选择上犹豫不决。因此，虽然短期内在政策压力的推动下金融机构增加了信贷供给，但机构的主动意愿并不强烈，长效机制尚未完善。

(二) 战略性新兴产业链存在的问题

1. 战略性新兴产业供应链存在安全隐患

战略性新兴产业内部虽已构建起产业链，然而产业链关键环节存在着明显的短板，具体是核心基础零部件（元器件）、关键基础材料、基础检验检测设备、先进基础工艺与工业软件的自主可控水平较低，对产业集群的发展与壮大形成了制约。关键环节面临的国际竞争将加剧，我国在关键核心技术以及"卡脖子"环节上的短板愈发突出，给战略性新兴产业的产业链和供应链安全与稳定带来了严重隐患。

2018年7月，工业和信息化部对我国30多家大型企业的130多种关键基础材料进行调研的结果显示，32%的关键材料无法自主生产，52%的关键材料依赖进口，大部分计算机和服务器通用处理器95%的高端专用芯片、70%以上的智能终端处理器以及绝大部分存储芯片都需从国外进口。由于产业基础能力薄弱，当前我国众多产业存在"缺芯""少核""弱基"等问题。据统计，2019年我国芯片进口金额高达3000亿美元，约占2019年我国全部货物进口总额的10.8%。从境内销售额来看，2018年我国境内半导体芯片销售额高达1584亿美元，全球市场份额为33.1%，我国是全球最大的芯片消费市场。[①]

2. 战略性新兴产业集群发展基础薄弱

各地在打造产业集群的过程中还存在一系列突出问题，实现高质量集群发展的基础仍有待加强。

首先，部分地区的产业集群发展空间受到限制。这在北京、上海、深圳等一线城市表现得尤为突出，由于可开发的土地空间有限，这种情况对部分战略性新兴产业集群的壮大发展构成了明显制约。例如，在"十三五"期间，深圳工业用地规模低于上海、苏州等城市，工业用地规模在国内主要工业城市中处于较为靠后的位置，这极大地限制了战略性新兴产业生产规模的扩张，也对全球战略性新兴产业重大项目的引进和落地产生了一定影响。

---

① 《进出口公平贸易提示信息（2020年第17期）》，http://swj.ningbo.gov.cn/art/2020/5/6/art_1229031552_47421897.html。

其次，引领性标志性重大项目储备不足，尚未形成集群式、互补型的发展态势。一方面，龙头企业缺乏对上下游企业的整合能力和引领带动作用，未能形成完整的产业链条，致使各企业之间缺乏有效的分工协作，产业组织不够健全。另一方面，中小企业的产业规模往往较小，其产品集中在中低端，高技术含量、高附加值、高竞争力产品相对较少。

3. 战略性新兴产业高端人才存在结构性短缺问题

第一，全球人才吸纳体系尚未完善，现有的科研与产业化发展机遇对海外人才的开放程度和吸引力有限。第二，海外人才回归的便捷度不够。目前，在引进人才的出入境管理、工作居留许可办理、医疗教育配套服务等方面仍存在不足。在人才培养方面，一是现有的教育与培训体系更新速度远远滞后于产业发展的需求。二是复合型人才培养亟待加强，比如数字创意产业目前普遍面临兼具创意素养和数字技术能力的复合型人才匮乏的困境，并已逐步成为制约产业发展的关键因素。第三，缺乏培养宏观战略决策专家的环境。在我国的产业发展工作中，战略专家建言献策的独立工作制度和意见采纳渠道较为不足。

4. 战略性新兴产业缺乏统一的标准体系

战略性新兴产业在标准化领域依旧存在诸多问题，体系不够完备、先进性不足、国际化程度较低。以新能源产业为例，国内标准与检测认证在国际上的认可度偏低、影响力较弱。一方面，标准发展相对滞后且影响力不足。可再生能源技术和产品的标准主要跟从国外，检测和试验也依赖国外。技术指标相对滞后，难以满足技术更新迅速的新能源产业的实际需求。虽然国内标准的质量与影响力在持续提升，但与国际电工委员会（IEC）等的国际标准相比，仍存在认可程度低、行业影响力弱等问题。另一方面，检测与认证体系滞后，国内缺乏能够满足市场需求且在国际上具有权威性的检测和试验平台。这使国内检测机构给出的关键认证数据难以获得国外权威机构的认可，进而影响了国际市场拓展。

此外，近些年来，随着产业快速发展，科研机构、高等院校、金融基础设施运营机构等技术组织逐渐成为创新链、产业链的重要组成部分,然而却较难与上下游企业协同制定标准,导致技术优势难以有效发挥并维持。

5. 战略性新兴产业国际竞争力不足

我国战略性新兴产业总体而言在国际市场上依然是"新进入者",在发展经验、自身能力以及公共服务等方面都存在不足,亟须提升核心竞争力。

首先,我国战略性新兴产业领域企业在应对国际市场准入的国际技术性贸易壁垒和非市场因素干扰方面存在明显短板。这些企业以国内市场为主开展生产研发活动,参与国际标准制定的企业占比不足5%。如此一来,企业的产品或服务难以符合国际标准或认证要求,频繁遭遇国际技术壁垒。

其次,中国对全球知识产权保护与竞争问题的处理能力仍有待加强。战略性新兴产业领域企业的专利管理制度不健全,核心专利积累不足,尤其是国外专利布局出现问题的情况日益严重,公司在全球化过程中可能面临专利纠纷。

最后,国际化服务亟待完善。一方面,对国外法规体系、税收政策、财务管理制度等政策环境不了解已成为影响战略性新兴产业公司拓展国外市场的主要障碍。另外,掌握国外政治和政策环境面临较大困难,特别是在发达国家,政治与政策风险是公司全球化经营的主要障碍。

第二节 移动互联网发展背景

一 移动互联网环境

移动通信技术与便携式设备相结合,构建了一个使网络应用及服务得以在任何地点被便捷获取的移动网络环境,该环境形成了一个涵盖各类接入和使用方式的综合网络生态。随着技术的进步和市场需求的变化,移动互联网环境持续演进。与固定互联网不同,移动互联网

第二章　移动互联网与重点产业链发展概述

由移动终端、接入网和应用服务组成。移动网络与固定网络的核心差异体现在使用环境的灵活性上，前者能在多种场合下便捷接入，而后者则主要限定在特定的场所使用。对移动互联网的特点，可以从三个不同的角度来理解：用户、环境和系统。首先，从用户的角度来看，移动互联网设备通常比固定互联网设备更个性化。人们共享台式电脑并不罕见，而共享移动终端设备却罕见。因此，移动设备始终携带用户身份特征。其次，基于环境视角，移动网络系统通常能够实现即时接入，使得用户在任何时间、任何地点均能轻松连接至网络世界。移动互联网系统是便携式的，并且通常保持在线状态。相比之下，固定互联网系统通常不能移动，而且需完成启动等初始化流程，这通常需要几分钟。最后，从系统的角度来看，大多数移动互联网系统特别是移动电话，与固定互联网提供的资源相比，具有相对有限的可用资源。

移动互联网环境是一个复杂而庞大的生态系统，涵盖了多个相互交织的层面，包括硬件设备、网络基础设施、软件与操作系统、服务平台和用户行为等。该系统的形成不仅需要依托高效的移动装置，诸如手机、平板以及智能穿戴设备等硬件设施，亦需仰仗尖端的网络架构，涵盖各类蜂窝网络（2G 到 5G）与 Wi-Fi 技术，使得用户得以无缝接入互联网。在软件和操作系统层面，移动互联网环境离不开 iOS 和 Android 等操作系统的支撑，它们提供了强大的平台，让开发者能够创建丰富多样的应用程序。电子市场（如苹果 App Store、Google Play）极大地加速了软件的推广与应用，让用户轻松下载并安装各式软件，以应对他们在社交互动、休闲娱乐、网上购物、处理工作事务以及健康维护等多方面的需求。服务平台同样扮演着移动网络生态中的核心角色。社交媒体平台（如微信和 TikTok）让用户可以分享信息、互动交流；云服务平台（如亚马逊 AWS、谷歌 Google Cloud 和 iCloud）提供了强大的计算和存储能力，支持移动应用的开发和运行；移动支付平台（如支付宝、微信支付、Apple Pay 和 Google Pay）则改变了传统的支付方式，极大地推动了电子商务的发展。用户行为在这个生态系统中起着关键作用。随着移动设备的普及，用户逐渐养成了移动优先的使用习惯，他们更加依赖于用移动设备上网、购物、社交和娱乐。这种行为变化推动了移动互联网环境的不断优化，促使开发者和服务提供商更加注重用户体验，提升移动应用响应速度和界面设计，以满足用户的高期望。

移动互联网环境的核心在于通过先进的无线通信技术，利用便携式设备实现随时随地的互联网接入和在线活动。这种便捷性和灵活性不仅改变了个人的生活方式，也对商业模式和社会服务产生了深远的影响。例如，移动支付和电子商务的结合，极大地提升了消费体验和市场效率。移动健康应用和智能穿戴设备的普及，使得健康管理变得更加个性化和实时化。随着技术的不断进步，移动互联网环境将继续演变和扩展。例如，第五代移动通信技术（5G）的广泛应用预示着传输速率的大幅提升及延迟的显著降低，这将极大地促进物联网、智慧城市及自动导航等前沿领域的快速发展。结合先进的人工智能与海量数据技术，移动互联网将迎来更多的智能化功能，诸如智能助手、定制化建议以及前瞻性预测。

综上所述，移动互联网环境不仅是一个多层次、多维度的生态系统，还在持续推动社会朝着更加智能化、数字化方向发展。这一环境的不断创新和进步，必将带来更多的机遇和挑战，深刻改变我们的工作和生活方式。

二 移动互联网发展历程与意义

移动互联网的兴起，是技术进步、市场需求和社会变革等多方面因素相互作用的产物。技术进步推动了移动互联网的发展。20世纪80年代，移动通信以1G技术模拟通信为起点，功能局限于语音通话。随着技术革新，移动互联网逐步融合数字通信、数据传输和互联网接入，推动通信技术全面升级。20世纪90年代，2G技术实现从模拟到数字的转变，提升通话质量并引入短信服务，奠定移动数据通信的基础。3G技术的问世则开启多媒体通信时代，支持视频通话和移动互联网接入，并大幅提升数据传输速率。第四代移动通信技术规模化商用，带来了更宽的网络带宽资源和更低的时延,助力实时业务如高清视频播放、网络游戏等的流畅运行,极大地提升了用户交互体验。如今,5G技术引领移动互联网新飞跃,以超高速传输、极低时延和大规模设备连接能力,为物联网、智慧城市、自动驾驶等新兴技术提供坚实支撑。

市场需求的变化驱动了移动互联网发展。消费者对高效、便捷的通信手段的需求不断增长。从最初的语音通话、短信服务,发展到如今的社交媒体、视频通话、在线娱乐和电子商务,如今的移动互联网已能满足人们日益多样化的需求。市场主体在这一过程中发现了移动互联网带来的巨大商业机会,纷纷投入资源开发移动应用和服务,从而进一步推动了这一领域的创新发展与产业升级。

技术进步是移动互联网发展的重要推动力。随着全球化进程的加速和信息社会的到来,移动互联网成为人们日常生活中不可或缺的一部分。它不仅改变了人们获取信息、沟通联络和文娱消费的方式,还深刻影响了教育、医疗、金融等垂直领域。移动互联网推动了全球信息的快速流通,促进了跨地域的文化交流和经济合作,为全球经济的发展形成增量价值。

总的来说,移动互联网发展到今天,已经成为现代社会的基石,连接着全球数十亿用户,支持着海量的在线活动和商业交易。它不仅是技术进步的象征,也是市场需求和社会变革的产物,反映了人类社会不断追求进步和创新的动力。移动互联网技术的发展历程,本质上是技术革新的历史、市场演变的轨迹以及社会进步的重要标志。这一进程激发了全球信息互动与经济繁荣的新局面,铸就了一个史无前例的互联时代。

第三节 移动互联网与重点产业链发展

一 移动互联网带来的机遇

移动互联网的兴起以融合移动通信与互联网技术为重点,为重点产业链发展创造了新途径与新机遇。例如,在硬件产业链中,移动互

| 产业链韧性打造：基于重点产业链压力的视角

联网技术推动了智能手机硬件（如芯片、传感器等核心组件）的不断升级，催生了对更高性能的处理器、更高分辨率的屏幕和更强大的摄像头的需求。再如，在网络及通信产业链中，5G技术的快速发展为数据的高速传输奠定了基础，5G网络的普及提高了数据传输速度，支持更高质量的视频流媒体、云游戏等应用。同时，这一技术的低时延特性保障实时应用（如在线游戏、远程诊疗）的可靠性及流畅性。云计算技术为产业链资源优化提供更高效、精准的解决方案。具体而言，云计算为移动应用提供强大的计算与存储支持，使其具备海量数据处理能力并保障应用流畅运行。

在新兴技术产业链中，人工智能与大数据发挥了重要作用。移动互联网提供了丰富的数据资源，助力智能语音、图像解析以及个性化推荐系统等技术领域的人工智能迅猛发展。另外，移动互联网从传统发展驱动模式转向了数据驱动。具体而言，大数据分析技术使企业能更深入地理解用户需求，进而优化产品与服务，提升运营效率。在汽车产业链中，移动互联网技术的发展衍生出智能汽车等新兴事物。移动互联网技术不仅能够使车辆实现互联互通，支持自动驾驶、车载导航、远程控制等功能，还通过移动应用平台发展推动了共享出行服务的发展，如优步（Uber）、来福车（Lyft）、滴滴出行等平台的出现，为用户提供了更加便捷的出行选择。

此外，移动互联网技术中不乏新兴的无线通信技术，这些技术具有能快速便捷地读取数据库、数据容量大且可动态变化等多种优点，有利于实现高安全性的动态实时通信，因此可以被应用于产业链的协调和整合。以建筑行业的产业链管理为例，无线传感器是一种能够执行传感任务的小型环境感知设备，由传感器节点和基站组成，能够协同完成施工现场的传感任务。借助于对周遭环境的属性（诸如个体在施工场所的角色、时刻、坐标、体态及其行为）的识别，情景感知技术能够向施工人员实时提供与施工场景关联的数据。《2023数字住建厅白皮书》显示，无线传感器在建筑领域已得到广泛应用，提升了实时信息交互效率与传输速率。此外，利用移动应用和平台，企业能更有效地管理产业链与供应链,从而降低成本并提升响应速度。

综上所述,移动互联网环境及技术为重点产业链的发展提供了前所未有的机会。云端技术与服务器(后台)的融合,赋予企业强大的计算与存储能力,助力大规模数据的处理和实时分析,进而促进智能化、定制化服务的实现。数据分析和人工智能技术的进步,使得企业能够深入了解用户行为,优化产品和服务,提高用户满意度和忠诚度。融合物联网、增强现实(AR)及虚拟现实(VR)技术,催生了智能家居、智慧城市、健康、医疗等行业的新兴应用模式,显著提高了用户交互体验与日常生活品质。内容分发网络(CDN)和图像、视频优化技术确保了高质量内容的快速传输和加载,提升了用户的在线体验。通过这些移动互联网技术的应用,各产业链能够更高效地运作、创新和发展。

有效利用移动互联网环境及技术将加速产业链的发展。企业不仅能够提高生产力和竞争力,还能够实现业务模式的创新、开拓新市场并把握新机遇。借助技术创新的推进、资源分配的改善、用户体验的提升以及社会进步的促进,移动网络技术已成为推动当今经济与社会发展的关键动力。未来,随着技术的不断演进和市场的不断成熟,移动互联网将继续发挥其重要作用,推动各个产业链的持续发展和进步。

二 移动互联网带来的挑战

在移动互联网领域,网络安全至关重要,主要涉及数据泄露与隐私保护以及移动设备安全两大方面。面对频繁的黑客攻击、数据泄露及隐私侵犯,企业需不断强化安全措施,确保数据安全可靠。同时,移动设备易丢失、被盗,使得数据泄露风险骤增,故企业应采取加密、远程锁定及数据擦除等手段,严密保护移动设备中的敏感信息。此外,技术更新与适应也是产业链发展面临的重大挑战,这主要体现在快速技术变革与跨平台兼容性两方面。移动互联网技术日新月异,企业需持续投入研发与技术升级,以维持竞争优势。这对资源有限的中小企业而言,无疑是一大挑战。此外,众多移动设备的存在,带来了各种操作系统和版本之间的适配难题，这无疑加剧了研发和维护成本。为了保障应用程序在众多平台上的流畅运行，企业需要加大资源投入。

综上所述，移动互联网环境中的技术与安全挑战对于重点产业链发展来说仍然是一道难题。企业在面对这些挑战时，需要不断提升技术实力，加强安全防护，以确保数据和用户信息的安全。同时，企业需要妥善应对市场竞争和政策法规的变化，注重用户体验和服务质量，提供具有竞争力和差异化的产品和服务。在此过程中，企业必须持续创新，灵活适应市场需求与技术变革，以保持竞争优势并实现可持续发展。

第四节 问题的提出与现实意义

一 问题的提出

随着近年来国内外环境的深刻变化，我国重点产业链的发展面临着巨大压力，如自主可控压力、高端跃升压力等。在多重压力叠加作用下，重点产业链断链、断供的风险日益增加。由于重点产业链在国家经济中占有重要的战略地位，关系着社会的稳定发展，一旦断链，可能对国民经济和社会稳定造成重大影响。此外，重点产业链对我国其他产业链起着基础支撑和战略引领作用，如果因为压力问题导致断链，也会引发其他相关产业链的连锁反应。要实现重点产业链的稳定、高效运行，首先要厘清重点产业链面临的压力并对压力进行动态监测评估，这样才能确保及时预警断链风险。也就是说，应用科学的理论和方法进行重点产业链压力测试是保障重点产业链安全稳定运行的重要基础。

现有关于产业链压力测试的研究较为匮乏，且现有研究主要集中在金融领域和计算机领域。虽然这些领域的压力测试研究成果对重点产业链的压力测试具有重要的参考意义，但不能直接照搬这些领域关于压力测试的理论和方法来评估重点产业链的压力。

移动互联网环境为重点产业链的压力测试带来了新挑战，也提供了更高效的管理手段。例如，移动设备种类繁多导致的跨平台兼容性问题，增加了应用的开发和维护成本，这就要求企业投入更多资源以确保应用能在不同操作系统和版本上广泛适用。同时，移动互联网驱动的技术创新极大地促进了各行业的发展与转型。无线通信、移动操作系统及应用开发框架的进步使企业能迅速响应市场并提供优质服务。云计算、人工智能与大数据技术的融合赋予了企业强大的数据处理与分析能力，支持智能化决策与运营。物联网、增强现实及虚拟现实技术则拓展了应用场景、丰富了用户体验。此外，移动支付与金融科技的创新让金融服务更加普及和便捷；而内容分发与优化技术的应用则确保了高质量内容的快速传输与展现。综上所述，移动互联网为产业链的压力测试提供了严格的要求、崭新的方向以及坚实的技术基础，移动互联网为重点产业链的压力测试提供了新的变化（如新的压力因素），同时也提供了更加高效的测试技术与工具。

综上，现有研究在如何对移动互联网环境下的重点产业链压力进行监测和预警这一问题上留下了较大的研究空间。因此如何在移动互联网环境下构建重点产业链压力测试的理论、方法及实施框架是一个需要深度探讨的课题。基于上述原因，本书在接下来的章节中探讨如何对移动互联网环境下的重点产业链压力进行识别和分类，针对不同类型的重点产业链压力构建以移动互联网技术为基础的产业链压力测试的理论和方法，最后提出切实可行的重点产业链压力测试实施框架与保障机制。

二 现实意义

重点产业链的发展程度是国家产业竞争力的决定性因素，对于中国实现经济高质量发展以及确保国家经济安全至关重要。但近年来，随着国内外环境的显著变化，我国重点产业链的发展正承受着巨大压力。一方面，某些国家的贸易保护主义和逆全球化趋势导致我国重点产业链面临着多环节自主可控压力，冲击重点产业链的安全和稳定运行。另一方面，全球正处于信息技术深度应用和新一轮技术革命发展的孕育阶段，国际技术竞争空前激烈，如果我国重点产业链不加快自主创新，势必在新一轮国际产业竞争中遭到淘汰，在全球价值链分工中更加被动，因此重点产业链承载着向高端跃升的压力。在多重压力的夹击下，重点产业链断链、断供的风险日益增加。

要实现重点产业链的稳定、高效运行，首先要厘清重点产业链面临的压力，并对压力进行实时测试，这样才能及时预警断链风险。也就是说，应用科学的理论和方法进行重点产业链压力测试是保障重点产业链安全、稳定运行的重要前提。此外，大数据、云计算、物联网以及区块链等新一代信息技术为压力测试带来新的机遇和挑战。本书结合新一代信息技术环境，探索并构建重点产业链压力测试的理论、方法以及实施框架，具有理论与现实意义。

理论意义方面，一方面，梳理相关文献及书籍资料后发现压力测试相关研究主要集中于金融领域、计算机领域，有关产业链压力测试的研究较为匮乏。尽管跨学科方法与理论具有一定的参考意义，但是重点产业链在压力测试对象、压力结构、压力类型及压力情景等均具有特殊性，无法照搬金融与计算机领域的理论和方法。另一方面，移动互联网环境为压力测试带来新的机遇与挑战，如何将数智技术与传统产业链压力测试方法结合，以实现高效、精准与实时响应的压力监测和压力预警也是值得深度探讨的课题。

现实意义方面，虽然重点产业链是中央及地方各级五年规划中经常提及的重要议题，但是现有研究的不足往往使政府和企业对重点产业链的识别和发展重点产业链的实践出现偏差，从而难以对重点产业链发展过程中遇到的压力进行高效的识别、测试和预警。本书将我国重点产业链作为研究对象，遵循"识别压力→测试压力→实施测试→保障测试"这一逻辑思路，探讨"如何进行压力测试和极端值预警以确保我国重点产业链的安全和稳定运行"这一问题，对提升重点产业链压力识别的能力、加强重点产业链压力监测与预警、维护国家经济安全具有现实意义。

第三章 重点产业链压力识别

第一节 重点产业链压力构成

随着产业链全球化、全球贸易网络化等趋势的发展，全球产业链尤其是复杂技术产业链环节的不确定性也日益增加。地缘冲突、贸易摩擦、技术争端、劳动力迁移、跨境资金流动均会通过已经形成的全球贸易网络对各国产业链产生影响。自上而下地识别我国各产业链中各环节所面对的内部问题和外部风险，具有重要的战略意义。

压力识别即发现重点产业链存在的主要问题，并识别未来的不确定性。压力识别对于产业链压力管理至关重要。完整的压力管理过程包括压力识别、压力测试和压力治理三个阶段。其中，压力识别是压力测试的前提。早期的压力识别筛选出重点产业链中最相关、最主要的压力问题，有助于后续针对性开展压力测试和压力治理，从而有效管理内外部压力，增强产业链韧性。

不同类型产业链中常见的压力类型包括宏观压力、需求压力、制造压力、供应压力和基础设施压力等共性压力。此外，特定产业链中存在特殊压力，如信息压力和技术压力是电商产业链面临的主要压力。

在大数据、云计算、人工智能、区块链和物联网等新一代信息技术与重点产业链的加速融合下，产业链压力结构发生变化：传统压力呈现新特征，新压力不断涌现，主要体现在技术压力、产业竞争压力、市场需求压力、法律法规压力和用户体验压力等方面。这些压力因素

产业链韧性打造：基于重点产业链压力的视角

共同影响着新一代信息技术环境下重点产业链的发展，需要产业链各主体积极应对，以维持竞争力优势并实现可持续发展。

产业链压力是产业链内部问题与在发展过程中遇到的外部环境变化共同作用的结果，在移动互联网与重点产业链的深度融合中，必然会出现新的内部阻力与外部挑战。由此，需要从产业链压力形成的内外部机制出发，对不同类别的重点产业链问题进行提炼，综合运用成熟的压力识别策略与工具，构建适应新一代信息技术环境的重点产业链压力识别框架。

我国已跃升为世界第一制造业大国，2024年，我国全部工业增加值完成40.5万亿元，制造业总体规模连续15年保持全球第一。在"量"的积累上，我国产业发展成就显著，但"质"的提升仍是确保可持续发展的关键所在。尽管我国制造业规模庞大，但与发达国家相比，在质量方面仍有提升空间。

当前，世界正经历百年未有之大变局，贸易保护主义、单边主义与逆全球化趋势加剧，全球产业链和供应链面临严峻挑战，我国亦深受影响。特别是我国在部分关键核心技术领域，如芯片、光刻机、触觉传感器等，仍依赖进口，存在供应链"断链"的风险。美国对中兴、华为等高科技企业的制裁，正是通过打击产业链的关键环节来实施技术遏制的典型案例。这些问题凸显出我国部分产业链韧性不足，因此，提升产业链韧性不仅是推动我国现代化产业体系建设的重要任务，也是提高经济抗风险能力、实现高质量发展的必然要求。

由于产业链风险是产业链内部问题和外部环境共同作用的结果，因此要从风险的内生与外源形成机制出发，识别我国重点产业链压力。具体而言，本章对不同类别重点产业链的内部主要问题进行系统梳理，在此基础上结合重点产业链所处的外部环境特征，探讨重点产业链的压力形成机制，最终对重点产业链面临的压力构成进行归纳。

一　产业链"断链"压力

（一）产业基础能力薄弱导致产业链不完整

产业基础能力是产业链稳定的基石，是实现经济高质量发展的核心所在。尽管我国制造业拥有庞大的规模基础，但从质量维度审视，产业基础能力仍较薄弱，特别是在部分关键领域，核心技术的对外依存度高，导致产业链出现缺口，存在潜在的"断链"风险，进而制约产业链韧性提升。我国在核心基础零部件、关键基础材料、基础工艺和技术等环节，对外技术依存度仍高达50%以上。以集成电路产业为例，我国每年进口额约占全球市场的33%，但集成电路产业规模仅占全球的约7%，80%的集成电路依赖进口。

产业基础能力的薄弱，是制造业领域诸多发展不平衡、不充分问题的直接体现。深入剖析其成因，主要有以下几点。首先，企业技术人才的隐性知识难以得到有效转化和传承，这些知识的非显性化限制了产业基础能力的提升。其次，创新主体的网络化协同发展存在障碍，企业间、企业与科研院所间的交流合作与信息沟通不畅，缺乏高效的信息交流平台，产学研深度融合机制不完善，难以充分发挥我国超大规模市场优势。最后，面对新一轮技术革命，具有国际竞争力的骨干企业数量相对不足，缺乏具备全球资源整合能力的跨国公司和国际知名品牌，难以有效主导产业链协同运作，从而制约了产业链现代化水平，影响产业链韧性建设成效。

（二）要素市场化水平低导致产业链不稳定

要素市场化水平直接关系生产成本，对于市场化水平较低的地区而言，企业往往面临更高的生产成本，生产要素活力与潜在效能无法充分展现，导致这些地区的生产活动的比较优势逐渐减弱，部分产业链上的企业特别是中小微企业向要素市场化水平更高的区域转移，这不仅削弱了产业链的稳定性，也阻碍了产业链、供应链韧性的提升。尽管我国要素市场化改革已取得阶段性成果，但整体上要素供给质量仍有待提高。

要素市场化水平低的主要原因如下。首先，物联网、大数据等现代信息技术在要素市场中的应用不足，导致要素的跨区域、跨领域自由流动仍面临诸多障碍，如区域市场壁垒等，这限制了要素资源的优化配置。其次，市场在决定要素配置范围上的作用有限，特别是在国家重大科技项目评价、政府科技资金分配以及高校和政府投资的研发机构的科研人员考核评价等领域，行政干预过多现象依然存在，市场机制在科技成果评价中的决定性作用未能充分发挥。最后，要素交易平台和市场化体系尚未健全，土地、劳动力、资本、技术等要素市场的发展，与商品和服务市场的改革进程相比相对滞后。这些问题严重制约了要素的协同发展与配置效率的提升，导致企业在获取市场交易渠道时面临困难，全要素生产率偏低。

（三）基础创新能力不足导致产业链不强

我国科技领域整体上呈现"大而不强"的特点，研发投入总量虽居世界第二位，但在基础研究方面的强度与发达国家相比仍有显著差距，这一不足导致我国产业链的整体实力不强。基础创新能力不足的原因复杂多样，主要包括以下两个方面。

首先，"互联网+"金融生态体系尚不完善，金融市场体系对于基础创新的支持存在缺陷。基础创新因其高风险和不确定性，往往难以吸引社会资金的充分投入。同时，由于缺乏规范化的网络平台来缓解资金市场信息的不充分，社会资金在创新领域的有效配置受到限制。企业作为市场创新的主体，在基础研究投入上存在明显不足。2020年11月30日，中国联通科技创新大会上，中国科学院大学副校长、管理学院教授刘云指出，基础研究投入中，中央财政占比超过95%，而企业研发投入的90%以上都集中在新产品开发和技术改造上，对基础研究的投入不足1%。

其次，开放式创新模式在我国的发展尚不成熟，传统的封闭式创新模式导致产学研之间的脱节问题日益突出。科技创新本应源自实验室与实体经济的深度融合，但国内高校和科研机构对科技创新的贡献仍显不足，与互联网企业的合作创新项目相对匮乏。产业链与创新链之间缺乏良性的互动与融合，导致科技成果难以有效转化为实体经济领域的生产力，科技创新与产业创新之间的脱节阻碍了关键核心技术突破，进而制约了产业链韧性提升。

二 外部环境：国际竞争格局下全球经济再平衡

（一）发达国家掀起"逆全球化"潮流

当前，西方发达国家正积极推行制造业回流与再工业化战略，这一举措对全球价值链分工体系产生深刻影响，特别是给那些以工序分工和中间品贸易为主导的体系带来了不可逆转的影响。自20世纪70年代以来，随着全球化的深入发展，发达国家跨国公司为了优化资源配置、降低成本以及开拓新兴市场，纷纷将低附加值、劳动密集型制造与组装环节转移至具有要素成本优势的发展中国家。这一过程极大地促进了全球价值链分工和贸易体系的形成和发展，推动了以产品内贸易为核心的全球化进程。

然而，自2014年以来，全球贸易增速出现停滞甚至下降，尤其是中间品贸易的增速大幅下滑。更为引人注目的是，在这一轮"逆全球化"浪潮中，与以往部分发展中国家更倾向于采取贸易保护主义措施不同，全球最大的发达国家和科技创新强国及其他发达国家实施以关税壁垒为主的贸易保护主义政策，这一新现象无疑为全球价值链的未来走向增添了更多不确定性。

（二）全球价值链和创新链体系的高解体风险

由发达国家跨国公司与大型国际采购商主导的全球价值链与创新链分工体系，以及在此基础上构建的相互依赖、相互制衡和互利共赢的格局，目前正面临前所未有的挑战。

与过往两种全球化模式——发达国家向发展中国家输出知识和技术密集型产品并进口原材料的"中心—外围"式产业间贸易，以及主要在发达国家间进行、将发展中国家边缘化的"均衡式"产业内贸易——截然不同，全球价值链分工和贸易体系开创性地将发达国家与发展中国家纳入统一的全球化分工与全球贸易网络。然而，这一体系蕴含着复杂的动态关系。一方面,传统的"中心—外围"式产业间贸易反映了发达国家与发展中国家间的不平等贸易关系,随着发展中国家综合实力提升与利益诉求意识觉醒,这种模式已难以持续。另一方面,"均衡式"产业内贸易虽在技术水平相近的发达国家间开展,却忽视了发展中国家的参与,同样不符合发达国家的长期战略利益。

相比之下,全球价值链体系通过产品内贸易,在发达国家与发展中国家间形成了新的相互依赖、相互制衡与互利共赢的关系。发达国家跨国公司利用全球资源,实现了企业利益最大化,同时降低了消费品价格。它们将低端制造环节转移至发展中国家,集中资源于知识和技术密集型环节,保持了全球竞争优势。而发展中国家则通过参与全球价值链,获得了经济增长与制造业发展的机会,利用"出口中学""干中学"及技术转移效应,提升了自身实力。

然而,当前美国出于对中国崛起的担忧和竞争焦虑,以及遏制中国的意图,正试图通过单边主义和保护主义的"美国优先"战略,削弱和瓦解以自由贸易原则为基础的全球价值链体系,重塑一个以"对等贸易"原则为主导、符合美国利益导向的新体系。这一举措无疑对既有的发达国家与发展中国家间相互依赖的产业链、产品链分工和贸易体系,以及全球价值链网络中形成的相互制衡、互利共赢的贸易利益格局构成了严峻挑战。

三 新一代信息技术环境下重点产业链压力构成

移动互联网技术通过提高信息流动性、优化决策机制和增强协同能力,使供应链具备更强的灵活性和响应能力,同时也带来了新的挑战,重点产业链压力构成呈现新特征。

(一)信息反应与处理压力

移动互联网技术让信息传输变得更具实时性和透明性。通过移动互联网技术,产业链各环节的各个节点能够实时获取库存情况、运输状态和订单信息。这种透明度虽然提高了运营效率,但也增加了供应链管理者的压力。一是快速响应压力。供应链的实时数据使得管理者需要更加灵活和快速地做出决策，这给企业带来了快速响应的压力。二是信息过载压力。由于可获取的数据量大幅增加，企业在处理和筛选有用信息时会遇到信息过载的压力。三是实时监控压力。客户期望能够随时追踪产品的状态，这给物流和运营带来了更大的压力。

（二）产业链协同与管理压力

移动互联网技术促进了跨组织、跨地区的协同工作。虽然这增加了产业链的协作效率，但是也增加了产业链协同的复杂性与供应商管理难度。第一，全球化协同的复杂性增强。通过移动互联网，企业能够与全球供应商和客户进行实时沟通，这也意味着跨文化、跨时区的沟通协作会增加，导致产业链协同的复杂性上升。第二，供应商管理难度加大。移动互联网技术使企业能够更快捷地评估供应商表现，但这也让企业面临更复杂的供应商选择压力。

（三）高客户期望满足压力

由于移动互联网的普及，消费者的期望也在发生变化。消费者对移动互联网产品和服务的要求越来越高，相关产业链需要持续优化产品和服务体系、提升用户体验。随着消费者对移动互联网服务的需求日益成熟和多样化，企业需要不断调整和优化自己的产品和服务来满足用户需求。例如，移动互联网使客户能够实时跟踪物流情况，对供应链时效管理形成倒逼机制，尤其是在时效敏感型产业，交付时间缩短成为消费者的核心诉求。还有个性化定制压力，消费者通过移动设备可以轻松地提出个性化定制需求，企业需重构供应链体系来满足这些定制化需求，从而增加了供应链的复杂性和灵活性方面的压力。

此外，随着生产和销售网络的全球化发展，中国企业在"走出去"的过程中，如何在全球范围内应对和适应不同市场的差异化需求和竞争环境，以及如何应对不同国家市场的需求变化，也是产业链面临的核心挑战。

（四）数据安全和合规压力

随着移动互联网技术的广泛应用，数据的流动性增强，供应链也面临着更多的网络安全风险。这种风险构成了产业链中的压力点。一方面是数据泄露风险。供应链的实时数据共享增加了敏感信息泄露的风险,尤其是在使用移动终端与云计算场景时,网络攻击的威胁加剧。另一方面是合规压力。随着全球各地对数据隐私保护的相关法律法规日趋完善,企业需遵循GDPR、CCPA等不同地区的合规要求,增加了合规压力。

(五)数字技术成本压力

移动互联网与物联网、人工智能等技术的结合,推动了产业链的自动化与智能化发展。这提升了生产和物流的效率,但也对供应链提出了更高的技术要求,尤其是对设备互联互通的要求。供应链中的智能设备需要通过移动互联网进行实时连接和协调,这对设备的兼容性、互操作性(不同系统间协同工作能力)提出了更高要求。此外还有技术升级压力。自5G商用以来,企业需要不断升级供应链中的硬件和软件系统,以维持竞争力和运营效率。例如,在供应链场景中,区块链的部署和维护成本较高,需要PB级存储容量和每秒万次级的计算资源。增加的工业物联网模块、边缘计算节点等数字技术基础设施投入会挤压利润空间,对企业的长期发展构成挑战。

以上压力因素共同影响着新一代信息技术环境下产业链的发展,需要产业链各方积极应对,以保持竞争力和可持续发展。

第二节 重点产业链压力识别实践

常见的产业链压力识别策略既包括学术研究中的复杂方法——层次分析法(AHP)、价值聚焦的过程工程方法论,也包括商业实践中应用频次较高的简单方法——石川图和价值流图等。此外,有学者开发了基于知识库的产业链压力识别系统,它是一种压力识别研究与实践的通用工具。以下具体介绍重点产业链的压力识别方法。

一 重点产业链压力识别方法

(一)层次分析法

层次分析法可以用于产业链压力识别。产业链压力可能来源于多种因素。该模型能够对产业链各类目标进行优先排序,选择产业链压力测量指标,评估负面事件的潜在影响,并厘清产业链中的因果关系,以识别出最关键的产业链压力。

层次分析法是一种用于解决复杂决策问题的经典方法,它通过将决策问题分解为更小的部分,并通过比较各部分的重要性来帮助决策者做出最终选择。其分析步骤一般为:①建立层次结构,将决策问题分解为目标、准则(标准)和备选方案等层次;②构建判断矩阵,对于同一层级的元素,通过成对比较的方式,构建判断矩阵,成对比较是根据元素相对于目标或准则的重要性来进行的;③计算特征向量权重,通过求解判断矩阵特征向量计算各元素相对权重;④一致性检验,检查判断矩阵的一致性,确保决策者的判断是一致的,如果一致性比率(CR)小于0.1,通常认为矩阵的一致性是可以接受的;⑤合成权重,将各准则层权重与方案层局部权重进行加权合成,以确定最终优先级排序。

将层次分析法应用于产业链压力识别,具体可分为如下四个关键步骤。

第一步,确定产业链目标的优先级。定义目标的"关键性",对影响目标的核心因素进行评估,以确定各个目标的重要性。管理者使用层次分析法比较各个目标的重要性,并给出量化的优先级评估。通过特征值法计算判断矩阵,确定目标权重,并进行检查以确保评估的一致性和连贯性。

第二步,识别压力因素,选择压力指标。根据不同标准,在每个领域识别压力因素。例如,产业链领域需要考虑损坏、缺陷交付等压力因素,根据以上压力因素选择可量化测量的指标,选择满足客观性和相关性的压力指标;进一步筛选能反映产业链上下游影响关系的指标,即根据潜在影响评估以上指标价值。

第三步,评估压力指标。利用产业链各节点管理者的专业知识理解各种压力因素的潜在影响以及上下游关系。不同管理者具有不同视角,这些视角需要系统性协调,以实现压力识别目标。

第四步，决定数据表现形式。不仅需要根据影响的高、中、低展示各个压力因素，而且应该利用流程图展示压力因素之间的依赖性和因果关系。例如，可以构建一个考虑产业链领域、目标和压力因素的矩阵。

（二）价值聚焦的过程工程方法论

价值聚焦的过程工程（VFPE，Value-Focused Process Engineering）是一种结合基于过程和基于目标的建模方法，通过整合价值聚焦思维（VFT，Value-Focused Thinking）和扩展事件驱动过程链（e-EPC，Extended-Event Driven Process Chain），创建产业链压力识别流程与目标之间的关联关系。

价值聚焦思维区分了基础目标和手段目标两种目标，基础目标是组织追求的核心价值，形成严格的目标层级结构；手段目标是实现基础性目标的操作路径，在操作层面进行量化定义，组成目标网络。扩展事件驱动过程链（e-EPC）是一种业务流程建模方法，可以用于描述产业链中的主体要素与价值流动。VFPE将产业链压力性风险纳入产业链目标结构中，从而使压力识别机制与产业链紧密结合。VFPE在重点产业链压力识别中的具体应用步骤如下。

步骤1：流程驱动的压力目标识别。使用产业链流程模型生成完整的活动列表。为每个活动关联一个通用目标，并将这个目标分解为绩效目标和压力风险目标。

步骤2：目标驱动的压力目标识别。针对不依赖具体活动的压力风险目标，使用VFPE方法获取目标结构，以识别同时也是压力风险目标的支撑性目标。将高层次目标明确定义为"最小化流程失败的压力风险"，并将其分解为更低层次的目标。

步骤3：同步分解。使用目标工作流模式（Goal-Oriented Workflow Patterns）将压力目标结构按照产业链流程进行分解。将目标驱动的压力风险分解为功能组成部分。

步骤4：e-EPC风险源分类。按e-EPC的业务类别对风险源进行分类。将每个分解后的功能压力目标与业务类别结合，为每个压力源和目标组合确定具体的压力事件。

步骤5：将事件结构链接到目标结构。将压力目标结构与压力源结构链接起来，构建决策支持系统的多维建模分析工具。

（三）石川图

石川图也被称为鱼骨图，是一种用于识别、探索和描述特定问题的潜在原因的图表工具。它由日本质量管理专家石川馨（Kaoru Ishikawa）在20世纪60年代开发。石川图是一种实用的工具，能以系统的方式识别产业链中关键且具体的内部问题与外部挑战（见图3-1）。

石川图通常用于质量管理、问题解决和根本原因分析。它以一种直观的方式来表示问题（通常在图的右侧，用一个鱼骨形状表示）的各种可能影响因素。石川图的结构包括：①头部（问题）：通常放置问题，一般为需要解决的不良结果或缺陷；②主骨：代表主要的影响类别，包括人员、方法、机器、材料、测量以及环境，以上几个类别可以根据不同情况调整；③次骨：从每个主骨延伸出来的线条，代表每个主要类别的具体因素；④次次骨：进一步细化到每个次骨所包含的因素；⑤子骨：最小分支，代表具体、可操作的原因。

石川图的创建步骤如下。①确定问题：明确需要解决的问题或目标。②绘制主骨：画出代表主要影响类别的主骨。③确定次骨：为每个主骨确定更具体的影响因素。④细化三级分支：进一步细化每个次骨的因素。⑤标注末端因素：确定具体、可操作的原因。⑥分析和讨论：通过讨论每个因素，确定最有可能导致问题的原因，识别出重点产业链的关键影响因素。

石川图能够综合考虑产业链中的多个因素，图形化表示使得原因与结果的关系一目了然，能够帮助系统识别和解决各环节问题。此外，将石川图作为一种持续改进的工具，定期回顾和更新，可以应对产业链中的动态变化。

（四）价值流图

在重点产业链压力识别中，价值流图可以帮助识别和减少导致延误、成本增加或效率降低的非增值活动。使用价值流图可以清晰展示

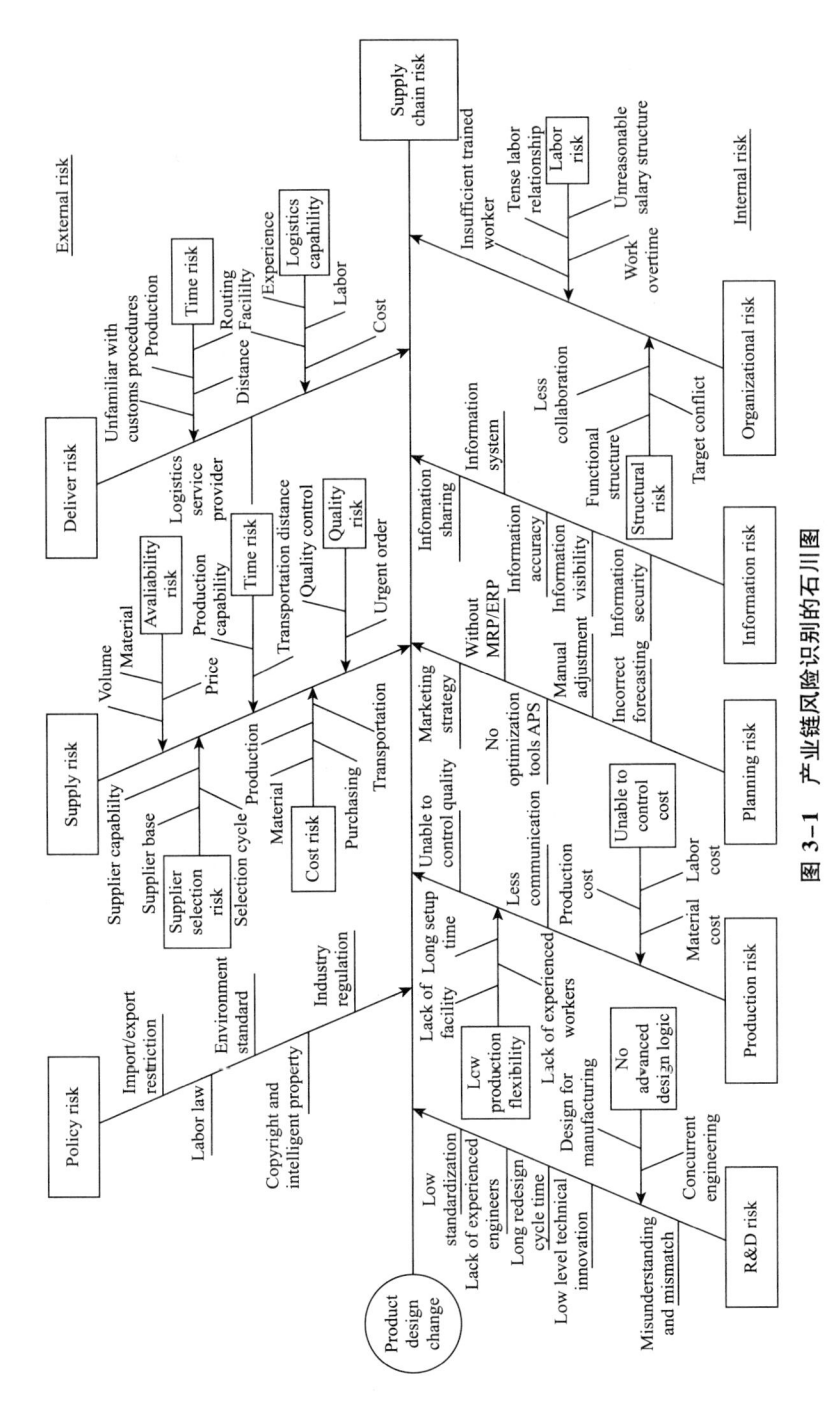

产业链韧性打造：基于重点产业链压力的视角

图 3-1 产业链风险识别的石川图

资料来源：Lin和Zhou (2011)。

整个产业链流程,有效识别产业链压力,优化产业链运作。以下为使用价值流图来识别产业链中的压力的具体步骤。

第一步,绘制当前状态图。①绘制流程图:从原材料采购开始,一直到产品交付最终客户的整个过程;②流程要素:应包含所有生产、组装、检验、存储和运输步骤;③时间记录:记录每个步骤所需的时间和等待时间;④库存标识:标记在制品库存。第二步,计算关键参数,如节拍时间(Takt Time),客户需求节拍决定了生产的最快速度,周期时间(Cycle Time)是完成一个产品或服务所需的平均时间,生产批次量是一次生产的产品数量。第三步,识别七大浪费,包括过剩生产、不必要的运输、等待时间、过程缺陷、库存、不必要运动以及产品缺陷。第四步,分析瓶颈和压力点。例如,物流领域识别物料流动中的瓶颈和延迟;信息流领域识别订单处理和信息传递中的延迟;产能领域识别生产线或工作站的产能不平衡等。

(五)基于知识库的产业链压力识别系统

基于知识库的产业链压力识别系统是一种辅助决策工具,帮助各产业组织在日益复杂的全球产业网络中识别和管理压力。开发这一压力识别系统的目的是加强风险识别,这是整个压力管理过程中至关重要的一环。

产业链压力识别系统的核心是一个知识库,它包含了产业链压力管理领域的大量知识和规则。这种方法允许产业链压力识别系统模拟专家的决策过程,通过一系列的如果-则(IF-THEN)规则来推断潜在的压力点及其来源。

该工具通过考量不同的生产策略,构建全景式分析框架来观察重点产业链。它不仅识别重点产业链中的压力,还分析压力之间的相互依赖性,这对于理解压力如何影响整个产业链网络至关重要。此外,基于知识库的产业链压力识别系统还考虑了风险的多个属性,包括风险源、后果、时间、位置和可能涉及的人员或活动等。

在实际应用中,基于知识库的产业链压力识别系统通过用户友好的界面与用户进行交互,通过一系列问题收集特定产业链网络信息,并利用知识库和推理引擎来提示潜在的产业链压力点。这个工具不仅能帮助识别重点产业链压力，还能够促进产业链合作伙伴之间的沟通和协作，这对于形成有效的压力管理策略至关重要。

（六）生成式人工智能

2023 年 7 月发布的报告（*Global Generative AI in Supply Chain Market Report*）显示，全球供应链生成式人工智能市场规模预计将从 2022 年的 2.69 亿美元增至 2032 年的约 102.84 亿美元，2023~2032 年的预测期间复合年增长率为 45.3%。

利用机器学习算法，根据已有的数据输入生成新的、原始的输出，这被称为生成式人工智能。在产业链中，商品和服务的生产、分配和交付都是通过一个由组织、资产、流程和信息组成的复杂网络完成的，它包括许多阶段，涵盖制造、物流和客户服务等环节。为了优化运营、降低成本并满足消费者需求，企业必须有效管理产业链。由于生成式人工智能可以分析海量数据并提供见解和解决方案，因此可用于产业链中的压力识别，通过简化程序和增强决策能力来提高效率。

生成式人工智能仍然是一种新事物，尚未在产业链压力识别中广泛应用，因此，若未来使用行业特定数据和案例进行训练，生成式人工智能可以实现自动数据分析、预测分析、场景模拟与见解生成，这将为重点产业链压力识别提供数据驱动的决策支持。此外，随着技术的成熟，产业链组织利用自身资源在内部数据集上构建这些模型会更加可行且符合实际。这将使压力识别更加高效、可靠。

二 我国重点产业链的压力识别实践[①]

2020 年底，由国家发展和改革委员会价格成本调查中心、产业经济与技术经济研究所，以及中国科学院文献情报中心等机构的专家组成的调研组，赴中关村国家自主创新示范区就产业链和供应链安全问题进行了调研。调研组与北京市发展改革委、科学技术委员会、经济

---

① 《保障产业链供应链安全的痛点堵点及对策建议》，国家发改委网站，https://www.ndrc.gov.cn/wsdwhfz/202103/t20210315_1269515_ext.html，2021 年 3 月 15 日。

和信息化局、中关村管委会等部门和中芯国际集成电路制造有限公司、中国科学院计算所、京东方、华大九天、百济神州、赛微电子等企业进行了座谈交流，并赴华为技术有限公司、北京旷视科技有限公司等企业实地调研，对各重点产业链进行认真全面的梳理和分析，绘制重点产业链图谱，发现的主要问题如下。

（一）压力一：重点领域关键核心技术"卡脖子"问题普遍存在

调研企业反映，我国对关键核心技术掌控能力较弱，核心技术、关键零部件和关键基础材料等"卡脖子"问题严重。如某集成电路企业的核心零部件供应商，35%来自美国，17%来自日本，国内仅占12%。此外，集成电路设计领域通用高端芯片、模拟芯片、EDA（Electronic Design Automation，电子设计自动化）软件等关键技术仍然受制于人，中央处理器（CPU）自给率不足1%，几乎被美国英特尔、AMD（超威半导体）等巨头完全垄断。高端模拟芯片领域，自给率不足5%，对美国、日本、韩国存在严重依赖。机器人产业发展所需的高性能减速器、高精度伺服驱动系统、先进控制器、新型传感器等高度依赖进口，国产减速器产品在精度保持性（使用寿命）、可靠性、噪声等方面仍有差距，高精度编码器、高性能电机制动器等伺服电机核心部件，高分辨率视觉传感器、激光传感器、力觉传感器等仍有待突破。

（二）压力二：产业链上下游共生发展生态不完善

国际著名半导体企业之所以能持续发展，是因为它们都建立了具有活力和创新力的产业链生态。英特尔、三星电子半导体部门形成了从产品设计、制造到销售的全闭环生态链；而我国多数企业仅为纯代工模式，既无面向终端市场的产品，又未能绑定设计客户，更缺乏能力让国际装备大厂保障其生产线的安全，同时，在前沿技术研发上也与国际领先水平有很大差距，技术创新与市场应用存在脱节，没有形成完整的国产闭环产业链。从产业配套维度分析，国内高端产业公共服务平台亟待完善。在人工智能产业领域，各类人工智能芯片、先进算法创新、深度学习开源框架平台的建设尚存不足。在生物医药产业方面，支撑服务医药研发、生产、上市流通且符合国际标准的合同研究组织（CRO）、合同生产组织（CMO）等专业化服务平台仍需健全和完善。就集成电路产业而言，产业发展所需的关键材料和大量危险化学品原料在本地和周边地区找不到配套企业，导致企业相关物流成本居高不下，较国际平均水平高约30%。

（三）压力三：专业技术人才特别是高端人才储备不足

受教育和收入分配体制影响，集成电路、生物医药、高端装备制造等高新技术行业人才储备不足且流失严重。以集成电路产业为例，据业内测算，到2030年，需要70万相关专业人才，但截至2022年底仍有40万缺口。与此同时，制造业受收入、户籍制度等因素影响，人才流失严重。以某东部沿海电子科技企业为例，部分高技能员工流向金融业、信息服务业等第三产业后收入普遍增长100%以上，企业招引人才困难加剧。在人工智能领域，尽管我国相关人才规模位居世界第二，但处于产业基础研发层的高端人才占比偏少。近年来，受美国政府所谓技术限制政策影响，在美的华人高端人才回国意愿有所提升，给我国吸引海外人才带来机遇，但因存在教育衔接、文化适应等现实问题，人才引进效能仍需持续提升。

（四）压力四：区域产业链同质竞争现象突出

近年来，京津冀在促进产业协同方面取得了积极成效，一批标志性合作园区和项目落地。但三地尚未形成以梯度化和差异化为基础的产业协同发展机制。表现在：一是缺乏基于产业链各环节的分工规划，三地在主导产业选择上存在较高趋同性、产业上下游配套和互补性差。二是区域产业承接平台相对较多，但产业园区间和企业间缺乏实质性的联系与合作，难以形成产业集群和产业链条。如北京市转移出去的龙头企业，跳过津冀地区直接落户长三角地区、珠三角地区的很多，在津冀地区落地的仅占10%左右，转移至长三角和珠三角地区各占约30%。三是跨区域产业协同机制尚未健全，跨区域产业园区管理及产业链布局存在协商周期长、决策成本高等问题。

第三节 新一代信息技术环境下重点产业链压力识别

一 压力数据：产业链苗头性问题

苗头性问题，指的是那些尚处于初始阶段未完全显现但对产业运行已产生潜在影响的问题。具体到产业链苗头性问题，指的是在产业链部分同类企业中开始出现的问题，这些问题虽尚处于萌芽状态，却已对产业的顺畅运作构成了潜在威胁。若不及时动态监测并采取有效措施应对，其影响范围可能持续扩大，进而对产业链的安全稳定运行构成重大冲击。

近年来，全球范围内超过80%的产业链案例均揭示了一个共性问题：产业链安全稳定运行的重大挑战，往往源于那些起初看似微不足道的小问题，它们逐渐演变成大问题，直至成为全局性难题。因此，加强产业链安全治理的核心，在于防微杜渐，强调"早发现早处理"，将防控的"关口"前移，敏锐捕捉并妥善处理产业链中的苗头性问题，从而有效控制潜在的经济安全稳定风险。

为了有效防范和提前应对产业链苗头性问题，产业链组织者必须清晰识别这些问题的根源与表现形式。根据原因及具体表现，我国产业链苗头性问题可大致归结为以下六大类。第一，要素资源匮乏。包括资金链断裂、能源供给不足、矿产资源进口受阻、原材料价格飙升、劳动力及高端人才供应不足等，这些问题正困扰着不同地区的多类型企业，严重阻碍其正常运营。第二，循环流通障碍。受疫情等突发事件影响，部分区域物流受阻，企业间人员流动受限，导致产业链整体循环出现阻塞。第三，产能失衡。一方面，某些产业链环节的企业产能利用率显著下降；另一方面，一些环节即便超负荷运转也难以满足市场需求，导致产品价格异常波动。第四，供应链断裂。国外核心技术与关键零部件供应中断，致使产业链部分环节出现短缺，下游企业面临生产困境。第五，产业外迁风险。某一时段内，大量制造业企业扩大境外产能布局，可能引发国内产业空心化风险。第六，国际贸易摩擦加剧。主要贸易伙伴对我国部分产业实施反倾销调查、反补贴措施及加征关税等，导致国际贸易环境趋于紧张。

在产业链风险管理中，首要任务是运用各类风险测试工具，提前预警并防范潜在隐患，力求在风险爆发前消除隐患，降低风险事件的发生概率。然而，一旦风险事件不幸发生，迅速建立一套健全的风险应急机制、制定并科学执行有效的应对措施，便成为产业链风险管理的重中之重。这要求产业链上的各相关企业成立应对突发事件的专门小组，提前评估各类风险的潜在损失，以便在风险难以规避或已转移的情况下，将损失控制在企业可承受范围内。

二 数据共享：基于核心企业的信息共享机制

在5G、工业互联网等数字基础设施平台的托举下，产业链上各个企业之间能够形成良好的数字化生态，实现各个环节之间的数据互联互通。建立产业链上各企业之间的信息共享机制，一方面有利于及时发现产业链上潜在的风险，另一方面可以提高产业链运作的协同性和运作效率，为规避风险、及早采取补救措施赢得宝贵的时间。

"基于核心企业的信息共享机制"中的核心企业是指，在产业链企业联盟中处于核心地位，在物流、信息流、资金流、技术研发、管理协调等方面具有较强实力，具有凝聚力的企业。围绕核心企业构建的产业链，不仅仅是从供应商的上游到客户的下游的一条供应需求链，而更多的是互相影响、互相促进、一荣俱荣、一损俱损的利益共同体。核心企业的存在价值在于它是产业链有效运作的推动者与保障者，它能使整个产业链持续保持改进驱动力，其功能的发挥效果如何，直接影响产业链协同效率与运作效能。

三 数据合作：建立产业链委托代理机制

增强产业链上下游节点企业之间的合作有利于产业链节点企业的互利共赢。然而在实际运作中，产业链节点企业间的利益冲突时常发生。产业链企业共赢的基础是合作，但是由于利益主体的不同，它们之间不愿共享其掌握的有效信息，导致产业链条上的企业之间信息不对称。在产业链上建立委托代理机制，是指在产业链企业之间建立密切的、长期的、互利的合作关系，使它们在可预期的长期利益的引导下，不会为了短期利益而冒险。同时，建立全面持久的评价指标体系，对高绩效的供应商用折扣等进行鼓励，促使供应商为需方企业在专门产品方面进行投资，增加其转换成本。

四 数据应用：数字技术与产业链压力识别

（一）大数据分析在产业链压力识别中的作用

大数据分析在产业链压力识别中通过对海量数据的处理及挖掘，帮助产业链相关企业提高决策的准确性与及时性。大数据技术使得供应链压力识别能够更加精准，可以降低决策中的主观性。以下是大数据分析在产业链压力识别中的几个主要作用。

1. 预测和预防风险

大数据分析通过对历史数据的建模和预测算法的应用，能够识别产业链中的潜在风险。例如，自然灾害、气候变化、市场需求波动等因素会对产业链的正常运行造成影响，而大数据分析可以通过分析这些变量来提前识别潜在的威胁，并帮助决策者采取措施。

2. 风险管理优化

产业链中的风险管理通常会面对复杂变量因素和不确定性。大数据分析通过实时数据的收集和处理，帮助产业链管理者更好地理解整个链条的动态，进而优化风险管理策略。数据科学的算法能够提取有价值的信息，从而增强透明度和响应能力，降低运营中断风险并减少经济损失。

3. 提高产业链效率

利用大数据技术，可以分析库存水平、运输路线、供应商表现等多种数据，帮助企业优化资源配置。例如，通过分析物流路径数据，可以降低运输延误的风险，提高产业链响应速度。此外，利用大数据的实时分析功能，企业可以有效应对需求波动，从而优化库存管理。

（二）物联网在产业链风险识别中的作用

物联网通过传感器和网络连接，实现了对产业链各环节的实时监控和数据传输。这种实时性不仅提升了透明度，还能够在风险发生前及时发出警报，帮助企业预防和应对突发情况。此外，窄带物联网（NB-IoT）技术也是移动互联网技术的一部分，主要用于实现物联网设备之间的低功耗、长距离通信。这项技术特别适用于供应链中大量低带宽设备的连接，使得数据能够高效传输，从而改善供应链的整体性能。

1. 实时监控与预警系统

物联网通过在产业链的各个环节部署传感器，实时监测产品的状态、运输条件、仓储环境等重要参数。物联网可以根据这些实时数据，快速检测到异常情况并发出警报，帮助产业链管理者及时采取措施。例如，在物流环节中，传感器可以监测运输车辆的状态，从而减少延误并降低事故风险。

2. 提高产业链透明度与可追溯性

物联网提高了产业链的透明度，使得所有利益相关者可以实时查看产品流转与库存状态。通过这种可视化与透明化，企业可以更好地掌握产业链运行态势，从而降低信息不对称风险。此外，物联网还能记录产品的完整流通过程，提升产业链溯源能力，有助于识别潜在的质量问题或供应链断点。

3. 风险预防和应急响应

当产业链面临自然灾害或人为事故等突发事件时，物联网能够通过实时数据收集，帮助企业更好地应对并调整策略。例如，突发事件发生时，物联网可以快速收集和传递灾区的物资需求信息，从而优化物流调度和资源分配，减少损失。

（三）人工智能在产业链压力识别中的作用

人工智能通过自主学习能力、模式识别能力和智能化决策能力，有效提升了产业链的压力识别和应对能力。AI可以自主分析海量数据，提供更加精准的预测和应急方案。

1. 智能预测与决策支持

人工智能利用机器学习算法,可以对产业链中的历史数据进行自主学习和分析,从而提供更加精准的风险预测。特别是在复杂产业链中,AI可以帮助企业识别产业链中的薄弱环节和潜在风险点,并为管理者提供决策建议。这种能力使得企业能够更迅速地响应市场变化,降低因市场波动带来的风险。

2. 根据环境动态调整的风险自适应管理

AI技术能够通过分析不同场景下的风险,自动调整产业链管理策略。例如,AI可以在识别出产业链中某个环节出现异常时,快速建议企业更换供应商、调整库存或修改运输路线。通过这样的自适应调整策略,企业可以更有效地通过数字化风控机制应对突发事件,减少损失。

3. 降低人为因素风险

人工智能能够减少产业链中的人为操作失误。例如,在产业链调度和优化环节,AI可以自动执行复杂的优化计算,减少人为判断失误带来的风险。此外,AI还可以用于自动化的风险监测、控制和数据分析,从而降低人工干预频率,提高产业链的自动化程度。

(四) 其他数字技术在产业链压力识别中的作用

5G通信基础设施是移动互联网的关键驱动力之一,其对未来产业链压力识别具有深远影响。5G可以提供更快的连接速度、更低的时延和更高的可靠性,从而支持产业链中海量设备和系统之间的实时通信。这不仅提高了数据传输的效率,还增强了产业链压力识别的透明度和实时监测能力。

区块链技术则为供应链提供了端到端可追溯性。通过区块链,所有参与者可以在分布式账本中记录产品从原材料到最终消费者的每一笔交易。这确保了供应链的透明度,尤其是在需要防伪和严格保障产品质量的情况下,区块链技术可精准溯源产品生产链路,减少伪造品流通和欺诈行为发生的风险。

基于移动应用的协同平台也有助于重点产业链的压力识别。移动应用不仅能帮助产业链各市场主体随时随地访问数据，还能让不同产业链节点间的沟通更加顺畅。例如，供应商、制造商和物流公司可以通过移动应用实时共享库存、订单及运输状态信息，缓解信息不对称问题，提高产业链运作效率。

此外，移动设备（如智能手机、平板电脑）和可穿戴设备（如智能手套、智能眼镜）在供应链中的广泛应用有助于实时数据采集和实现操作自动化。例如，智能眼镜可以帮助仓库工作人员更快速地识别货物，进行条形码扫描和数据上传，减少人为失误。

以上移动互联网技术在现代产业链中的应用大大提高了产业链运营的效率、敏捷性和可追溯性，可帮助企业应对日益复杂的外部环境和内部问题带来的风险与挑战。

第四章 重点产业链压力测试理论

第一节 基于单一"点"的压力测试理论

作为一种关键的保障质量的方法,压力测试在实际实施过程中,通过对实际应用的软硬件环境以及负荷进行模拟和运行测试软件系统,来检测被测系统的可靠性、稳定性等指标。换句话说,压力测试就是给系统施加极端的负载条件,测量其承受能力。

压力测试在多个领域中均有实践应用,如金融机构的风险评估和软件开发过程中的质量控制。当金融市场发生极端波动,如股价暴跌时,压力测试就可用于评估极端变化下某种产品、特定资产组合、某项业务,甚至整个公司的运行状况。而在软件开发过程中,压力测试可以帮助开发者和测试人员了解系统性能瓶颈,优化系统架构,提高系统稳定性与可靠性。

一 静态压力测试理论与方法

(一)金融领域静态压力测试理论与方法

1. VaR

风险管理包括评估、计量和管理公司金融、商品及其他资产组合(Portfolio)中各种风险的过程和工具。其中风险价值(Value at Risk,VaR)是金融机构用来量化下行风险的重要工具,被定义为在特定时间段内,在一定概率水平(通常为1%或5%)下资产的最大可能损失。因此,一天的 5% VaR 表示该资产的损失值在这一天内有 95% 的概率不会超过 VaR。VaR 可以是一个绝对数值，也可以是资产价值的相对值。

从统计学角度来看，VaR 是指在某个置信水平（如 95%）和持有期限内预期的最大可能损失，用公式表达为：

$$P(\Delta P \leq VaR \mid \Omega_t) = a$$

其中，P 表示资产价值损失低于预期损失上限的概率。在指定的持有期限内，资产组合的实际损失额或相对于总资产的损失比例以 ΔP 表示，Ω_t 代表 t 时刻的已知信息集，a 为某个置信水平，VaR 是在该置信水平 a 下预期的最大可能损失。

计算 VaR 需要以下几个基本要素。①置信水平（Confidence Level）。置信水平是指在多大概率下，预期损失不会超过某一损失。常见的置信水平有 95% 和 99%，对应的风险概率分别为 5% 和 1%。②持有期限（Holding Period）。持有期限指的是 VaR 测算所对应的时间范围。例如，1 天、10 天或更长的持有期限，用于评估该持有期限内资产可能的最大损失。持有期限越长，通常潜在损失也越大。③资产的波动率 [Volatility（标准差 σ）]。波动率（标准差）反映资产价格或回报率的变动幅度。波动率越高，代表风险越大，VaR 数值通常越高。波动率可以根据历史数据计算。④资产的价值（Asset Value）。VaR 是基于资产的价值来计算的，因此，资产的总市值或投资组合的价值是计算 VaR 的基础。它可以是绝对的货币价值，也可以是相对于资产净值的比例。⑤收益分布假设（Return Distribution Assumption）。参数法（如方差-协方差法）假设资产收益是正态分布的。如果使用历史模拟法或蒙特卡洛模拟法，则不强制要求正态分布假设，但仍需依赖历史数据或模拟结果的参数设置。

以资产收益遵循正态分布为例，此处假设资产收益率服从正态分布，实际金融数据可能存在尖峰厚尾特征，假设初始价值为 X_0，收益率为 R，则期末价值为 $X = X_0(1 + R)$。令 R 的期望和波动率分别为 μ 和 σ，μ 为年化预期收益率（单位:%），σ 为年化波动率（单位:%），在给定置信水平 a 的条件下，投资组合的最小收益率（VaR）为 R^*

(通常为负值),则最小收益率对应的期末价值为 $X^* = X_0(1+R^*)$。通常情况下,$R^* = -|R^*|$,根据上述公式可以推导出:

$$1 - a = \int_{-\infty}^{X^*} f(X) dX = \int_{-\infty}^{-|R^*|} f(r) dr = \int_{-\infty}^{a} \varphi(\varepsilon) d\varepsilon$$

由于 $\varphi(\varepsilon)$ 为标准正态密度函数,于是得到正态分布假设下(假设持有期限为 1 个单位,因此 $\sqrt{\Delta t} = 1$):

$$VaR = z_a \sigma X_0 \sqrt{\Delta t}$$

式中,r,ε 代表积分函数里的变量。假设收益率遵循正态分布,在一年观察期内(通常为 250 个交易日),VaR 可以通过标准正态分布的分位数(如 1.65 对应 95% 的置信水平)与资产收益的标准差 σ 的乘积来近似计算。通常,较高的置信水平和较长的时间期限会提高 VaR 值。然而,金融资产特别是商品期货的收益率,往往表现出正峰度特性(尖峰特性)和负偏度特性(左偏特性),因此基于时变正态分布假设计算的 VaR 可能低估实际的尾部风险。

直到 20 世纪 90 年代初,"风险价值"一词才进入金融词汇,但衡量风险价值的方法可以追溯到更早的时候,即 20 世纪初美国证券公司的资本要求。从非正式的资本测试如"最低资本充足率测试"开始,纽约证券交易所在 1922 年将资本测试应用于其成员公司。根据资产组合收益概率分布模型假设的不同,计算 VaR 的方法有以下三类:历史模拟法、参数法(方差-协方差法)、蒙特卡洛模拟法。

(1)方差-协方差法

方差-协方差法(Variance-Covariance Method)是计算风险价值的一种经典方法。这种方法基于金融资产或投资组合的收益率服从正态分布的假设,利用资产的波动率(标准差)、收益之间的相关性以及置信水平,来估算在特定持有期限(如 1 日、10 日)范围内资产或投资组合在特定置信水平下的最大可能损失。这种方法适合处理线性资产类别和大规模投资组合,计算过程相对简单快捷。但由于正态分布假设和对复杂风险处理能力的局限性,在面对极端市场条件时,在厚尾分布的市场条件下,方差-协方差法可能低估潜在的系统性金融风险。

(2) 历史模拟法

历史模拟法（Historical Simulation Method）是计算风险价值的另一种常用方法。它不同于基于参数假设分布（如正态分布）的 VaR 计算方法，而是直接利用历史市场数据，不对收益分布进行任何假设。该方法通过模拟投资组合在历史上的实际收益变动来估算未来可能的损失。历史模拟法的核心思想是利用过去一段时间的真实市场数据，假设未来的收益变化模式与过去相似。在特定置信水平下，通过对投资组合的历史收益率进行排序，确定在该置信水平下的统计意义上的最大可能损失，即 VaR。VaR 量化的历史模拟方法包括两种，其一是标准历史模拟法，其二是历史模拟 ARMA（Historical Simulation ARMA Forecasting Approach，HSAF）。两者的不同之处在于，标准历史模拟法直接使用历史收益分布，而 HSAF 方法使用 ARMA 模型预测误差分布。

历史模拟法虽然不依赖分布假设，能够真实反映历史上的市场波动，但同时也受到历史数据的限制，无法准确预测未来可能发生的极端事件。这种方法相对简便，适用于短期风险估计，尤其适合那些无法假设正态分布的非线性资产，但对未来市场的预期需谨慎对待。

(3) 蒙特卡洛模拟法

蒙特卡洛模拟法（Monte Carlo Simulation Method）是一种通过模拟大量可能的未来市场变化路径，来估算投资组合的风险价值的计算方法。该方法通过使用随机抽样和复杂的数学模型，生成各种可能的资产价格路径，并基于这些路径计算投资组合的损失情况，从而得到规定置信水平下的最大可能损失值，即 VaR。蒙特卡洛模拟法的核心思想是：假设资产收益率服从特定概率分布，通过模拟海量市场变化路径，构建出未来可能的资产价格或投资组合的价值变化；然后基于这些模拟结果来计算出投资组合的损失分布，并由此确定 VaR 值。

综上，传统的 VaR 计算可能会低估收益序列的风险以及忽略市场波动性集聚，因此学者们用接下来的若干模型对 VaR 值进行进一步的修正。

2. GARCH 模型

GARCH 模型（Generalized Autoregressive Conditional Heteroskedasticity

Model，广义自回归条件异方差模型）是金融时间序列分析中的一种重要工具，主要用于建模和预测波动性。大量实证研究表明金融资产的波动分布具有厚尾和集聚性，即残差序列的方差不是常数，某些时段序列变化的幅度很大，而另一些时段可能集中了小幅度的变化，这种情况被称为条件异方差现象。实证研究同时发现大多数金融时间序列的随机干扰序列不存在自相关性，但其平方序列存在明显的自相关性，说明随机干扰的方差或波动随时间变化。而以往计算 VaR 的方法忽略了金融市场中的波动集聚现象，这不利于参数估计的准确性。因此，学者们开发了新的数学模型以更好地预测和计算风险价值。例如，由 Robert Engle 在 1982 年提出的 ARCH 模型（自回归条件异方差模型）中的方差随时间变化，旨在消除异方差的影响，在一定程度上提高了预测精度。该模型作为度量金融时序波动性的有效工具，被广泛运用于宏观政策制定、季节性分析等领域。在此基础上，Bollerslev 1986 年提出了 GARCH 模型，它能够捕捉到金融市场中的波动集聚现象，即市场波动性在不同时期表现出集中的特征，从而估计 VaR 的参数。接下来将详细介绍此类模型。

（1）ARCH 模型

ARCH 模型（Autoregressive Conditional Heteroskedasticity，自回归条件异方差模型）是美国经济学家 Robert Engle（其于 2003 年获得诺贝尔经济学奖）提出的，主要用于建模和预测时间序列数据中的波动率。该模型的创新性在于刻画了金融数据中时变波动率的特征，该模型尤其适用于金融市场中收益率序列的波动率集聚现象。例如，一段时间内市场表现平稳，波动率较低；而另一段时间内市场可能剧烈波动，波动率大幅增加。这种现象在传统的时间序列模型中很难处理，因为这些模型通常假设残差项的方差恒定。

为描述和预测这种波动集聚现象，ARCH（q）模型表示如下：

$$R_t = \mu_t + \varepsilon_t$$

$$\varepsilon_t = \sigma_t z_t$$

$$\varepsilon_t \mid I_{t-1} \sim N(0, \sigma_t^2)$$

$$\sigma_t^2 = a_0 + a_1\varepsilon_{t-1}^2 + \cdots + a_q\varepsilon_{t-q}^2$$

其中 R_t 表示收益率，u_t 为常数项，ε_t 为误差项，σ_t 为条件标准差，表示 t 时刻的波动性。$\mu_t = \mathrm{E}(R_t|I_{t-1})$ 为条件均值，I_{t-1} 表示 $t-1$ 时刻全部信息，z_t 表示随机干扰项，满足独立同分布的随机变量并且期望为0，方差为常数，为了保证过程的平稳性，需满足 <0, $a_0+a_1+\cdots+a_q<1$。虽然ARCH模型能够较好地捕捉波动率的时间依赖性，但它也存在一些局限性。首先，为获得更好的拟合效果，q 的取值须足够大。随着模型阶数 q 的增加，模型需要估计的参数数量也会急剧增加。这种做法不仅会导致估计更加复杂，而且可能带来解释变量多重共线性问题。其次，ε_t 与 σ_t 并不一定存在线性关系，模型中的条件方差只考虑了信息的绝对值大小，却无法解释信息所反映的趋势。为了克服这些问题，Bollerslev 在 1986 年基于 Engle 的研究提出 GARCH 模型，它是 ARCH 模型的扩展版本，能够更好地平衡短期和长期的波动性影响。

（2）GARCH 模型

以 ARCH 模型为基础，为了减少所需滞后阶数，从而减少所需估计的参数，GARCH 模型可以将高阶的 ARCH（q）转换成 GARCH（p, q）。相比 ARCH 模型，GARCH 模型能较好地处理收益序列的厚尾性及方差持续性，因此引入该模型的 VaR 方法能更好地描述资本市场价格的波动，模型建立如下：

$$R_t = \mu_t + \varepsilon_t$$

$$\varepsilon_t = \sigma_t z_t, z_t \sim N(0,1)$$

$$\sigma_t^2 = \omega + \sum_{i=1}^{q} a_i \varepsilon_{t-1}^2 + \sum_{i=1}^{p} \beta_i v_{t-1}^2$$

其中各参数均非负（≥ 0），该模型等价于 ARCH（∞）过程，当 $p=0$ 时，GARCH（p, q）过程就变成了 ARCH（q）过程，一般的金融时序分析中通常采用形式最简单的 GARCH（1, 1）模型，由于它只有一个非预期回报平方项和自回归项，因此该模型参数易于估计且具有较强的泛化能力，其表现形式为：

$$\sigma_t^2 = \omega + \alpha\varepsilon_{t-1}^2 + \beta\sigma_{t-1}^2$$

当 $\alpha+\beta<1$ 时，GARCH（1，1）为平稳过程。低阶的 GARCH 模型通常可以取代烦琐的高阶 ARCH 模型，在一定程度上弥补了其缺陷，但仍存在波动率非对称性的问题。

（3）扩展的 GARCH 模型

在实际应用中，通常使用基础统计检验方法检验时间序列的正态性，而金融资产收益率数据通常呈现非正态的"尖峰厚尾特征"，此时通常使用 t 分布或 GED 代替正态分布，于是由此发展出 t-GARCH 模型、GED-GARCH 模型。

t-GARCH：相对于 GARCH 模型，假设 z_t 服从标准化 t 分布而非正态分布，公式为：

$$f(\varepsilon_t) = f\left(\sqrt{\frac{n}{\sigma_t(n-2)}}\varepsilon_t\right) \cdot \left|\frac{\sqrt[d]{\sqrt{\frac{n}{\sigma_t(n-2)}}\varepsilon_t}}{d_{\varepsilon_t}}\right|$$

GED-GARCH：假设 z_t 服从广义误差分布（GED），公式为：

$$f(\varepsilon_t) = \frac{ne^{\frac{(\varepsilon_{t/\lambda})^2}{2}}}{\lambda^{2\left(1+\frac{1}{n}\right)}\Gamma\left(\frac{1}{n}\right)}$$

其中 n 为自由度，λ 为常数，$n>2$，说明尾部比正态分布更薄。

在此基础上，又发展出以下模型。

I-GARCH：增加约束条件：$\alpha(L)+\gamma(L)=1$，通常是为了强调波动的持续性。

EGARCH：将 σ_t 以指数形式表示，使得参数不再受非负条件的限制，从而能反映波动的非对称性，进而能够较好地解释金融收益率时间序列的"杠杆效应"，公式为：

$$\ln\sigma_t = a_0 + \sum_{i=1}^{\infty}\gamma_l g(z_{t-i}) + \sum_{i=1}^{q}\ln(a_t)$$

综上，将扩展的 GARCH 模型所得到的波动率代入 VaR 计算公式中可得到基于 GARCH 模型的 VaR，以便提高标准差计算精度，使最终获得的风险价值能更有效地评估极端风险事件。

3. 极值理论

极值理论（Extreme Value Theory，EVT）是统计学中专门用于研究和预测罕见的极端事件的理论，广泛应用于金融市场中的风险管理，特别是在VaR模型中用来改进对极端风险的估计。传统的VaR模型通常假设资产收益服从正态分布或其他特定分布，后来学者们提出的ARCH模型以及GARCH模型通常考虑更加普遍的波动，这些方法在应对金融市场中的极端波动时常常不够准确。极值理论通过研究分布的尾部来更好地捕捉和衡量罕见的风险事件，从而解决了传统方法对尾部风险低估的问题。

极值理论与很多广泛应用的分布如正态分布、威布尔分布相联系，主要应用于分析极值的分布。极值理论并不考虑数据的整体分布情况，而只考察数据的两个尾端部分，根据尾端数据分布特点进行相关性分析，因此其目的是估计尾部拟合参数。其计算过程通常是在拟合尾部数据分布时，计算极端点位的形状参数与尺度参数，从而计算得到VaR。以下是对极值理论方法的介绍。

对于模拟极端事件，EVT可以分为两种方法：一种是峰值超阈值（Peak over Threshold，POT）方法，另一种是块最大值（Block Maxima Method，BMM）方法。BMM方法是基于每个区间（块）内的最大值，对这些最大值进行建模。这些最大值的分布是广义极值（Generalized Extreme Value，GEV）分布，通常用于分析具有明显变动规律的数据，其缺点是其中某一块的极大值未必是另一块的极大值，而样本中大量观测值由于小于局部最大值而被从分析中剔除，从而会使大量有价值的数据被浪费。POT方法是基于超过某个高阈值的观测值，对这些超出阈值的极端值进行分析和建模。这一方法使用广义帕累托分布（Generalized Pareto Distribution，GPD），分析那些超出某个高阈值的极端事件。

金融市场中极端风险事件（Extreme Risk Event）通常很少发生，一旦发生会造成巨大的损失。极值理论在VaR中的应用旨在更好地捕捉这些极端损失，从而提高VaR模型的准确性，尤其在处理金融市场的厚尾分布特征及其尾部风险时非常有用。以 POT 方法在 VaR 中的应用为例：选择一个高阈值 u，只对那些超出 u 的损失进行分析。假设 $F(x)$ 为投资组合收益率的分布函数，u 为阈值，$y=x-u$ 表示超额数（极端损失），那么超额分布函数可表示如下：

$$F_u(y) = P(x - u \leq y | x > u), 0 \leq y \leq x_0 - u$$

其中 x_0 表示 F 的右端点，超额分布函数描述了损失超过设定界限的概率，上式可以变换为：

$$F_u(y) = \frac{F(u+y) - F(u)}{1 - F(u)}$$

再得出：$F(x) = F_u(y)(1 - F(u)) + F(u), x \geq u (x = u + y)$

实际应用中各变量的总体分布通常未知，使用极值理论求出渐近分布有以下三个步骤：①对超过阈值的样本进行极值建模；②拟合广义帕累托分布（GPD），即对超出阈值的损失数据进行广义帕累托分布的拟合，通常通过最大似然估计法来估计 GPD 的参数；③推导出原先的总体分布函数 $F(x)$。

综上所述，将 GARCH 模型与 GPD 分布结合可以更好地解释金融收益序列的厚尾现象，与单一的 GARCH 模型相比，该模型假设随机扰动项服从 GPD 分布，因此基于 GARCH-GPD 模型的 VaR 估计公式如下：

$$VaR = \mu + \sigma_t GPD^{-1}(1-a)$$

总体而言，极值理论在应对市场极端波动和非线性风险时，是一种不可或缺的风险管理分析方法，在未来的风险管理实践中将发挥越来越重要的作用。

4. Copula 理论

基于 Copula 理论的 Copula 函数提供了一种描述多维随机变量依赖结构的方法，已经成为分析金融风险因素的重要工具之一。它的核心思想是将边缘分布和联合分布分离，从而能够单独研究随机变量的依赖关系，而不必依赖它们的具体边际分布形式。Copula 理论为处理非

产业链韧性打造：基于重点产业链压力的视角

正态分布（非高斯分布）和复杂依赖结构提供了强有力的工具。

Copula 理论的发展可以追溯到 1959 年，当时 Abe Sklar 提出了 Sklar 定理，为 Copula 函数在统计学中的应用提供了坚实的理论基础。此后，随着金融风险管理对相关性和依赖结构研究的深入，Copula 函数逐渐成为金融领域的重要工具，特别是在 20 世纪 90 年代至 21 世纪初，Copula 函数在信用风险建模和衍生品定价中的应用得到了迅速推广。金融市场内部的系统通常具有复杂关联，某一市场的变化可能也会对另一个市场产生无法预测的影响，金融市场间的关系无法通过简单的线性相关的单变量或多变量模型去描述，收益率序列往往不服从正态分布，而更多地呈现非线性与非对称特性。为了更好地构建市场模型，Copula 函数将各收益序列的联合分布与各自的边缘分布相连接，提供了一种相依性的结构，推动了风险管理研究的发展。

Copula 函数已经成为统计学中用于建模和分析随机变量之间相关结构的主要工具，与线性关系相比，Copula 函数能够完全捕捉随机变量中存在的相依结构，因此经常被用于风险管理尤其是压力测试。此外，不同于相关系数，Copula 函数不是一个数值，而是一个可以精确映射资产之间不同相关性的函数，它能够更有针对性地捕捉到尾部相依性。在商品期货投资组合中，我们将以动态的 Copula 函数考察极端事件对商品价格的影响以及其中的复杂相依结构，事实证明，如今商品期货市场的金融化趋势使得极端事件发生时联合概率分布相关性增大，而传统的风险管理模型通常低估商品市场中结构性变化对收益率的负面影响，因此对风险价值的模型优化已刻不容缓。

此外，作为对传统 VaR 的扩展和补充，条件风险价值（Conditional Value at Risk，CVaR）是金融风险管理中用于衡量极端损失的一个重要工具。CVaR 不仅关注某一置信水平下的损失上限（VaR），更关注在超过 VaR 阈值时的平均损失，从而实现了对极端尾部风险更全面的评估。CVaR 与 VaR 的联系与区别在于 VaR 是在给定置信水平 a 下金融资产的最大可能损失值，表示资产的损失超过这个值的概率为 $1-a$。CVaR 则是对那些超过 VaR 的损失进行平均，从而度量尾部的极端损失情况。例如，在95%的置信水平下，VaR表示有5%的概率资产损失会超过的阈值（即某个最大损失值），CVaR则表示一旦发生损失超过VaR的事件，这5%最坏情形下的平均损失是多少。

（二）计算机领域静态压力测试理论与方法

在计算机领域，压力测试也被称为性能测试、负载测试或稳定性测试，是一种用于评估系统、网络或软件在特定工作负载下性能表现的方法。在现代互联网和大数据时代，压力测试已成为不可或缺的环节，因为它可以帮助我们找出系统的瓶颈，提高系统性能，确保系统的稳定性和可用性。

1. 计算机压力测试概述

压力测试的主要目标是：第一，评估系统的性能指标，如响应时间等；第二，找出系统的瓶颈，如硬件资源、算法设计等；第三，确保系统的稳定性和可用性，防范系统故障；第四，提高系统性能、提升资源利用效率。

压力测试可以用于各种计算机系统，如网络系统（Web服务、数据库系统、中间件系统等）。

软件测试可分为以下几类：第一，负载测试，验证系统是否满足功能需求；第二，极限压力测试，验证系统是否满足性能需求；第三，破坏性测试，验证系统是否安全可靠；第四，稳定性测试，验证系统是否兼容不同的环境、平台、协议等；第五，故障恢复测试，验证系统是否可以在高并发场景下持续稳定运行。

压力测试的关键指标包括：响应时间，是指从用户发出请求到系统反馈请求的时间；吞吐量，表示单位时间内系统处理的请求数量；错误率，表示系统在处理请求过程中错误请求的占比；资源利用率，表示系统在处理请求过程中产生的错误率。

2. 计算机压力测试基本思想

计算机压力测试的基本思想是：通过逐步增加工作负载，观察系统的性能指标变化，从而找出系统的瓶颈并优化系统性能。这个过程可以分为以下几个阶段。第一，预备阶段：准备测试环境、定义测试目标、选择测试方法、设计测试用例等。第二，基准测试阶段：在基本负载下测试系统性能，获取系统的基准性能指标。第三，压力测试阶段：逐步增加负载，观察系统性能指标的变化，找出系统的瓶颈。第四，优化测试阶段：根据压力测试结果优化系统，提高系统性能。第五，验证测试阶段：再次进行压力测试，确认优化后的系统性能是否提高。计算机压力测试的具体操作步骤如下。

①准备测试环境，包括硬件资源、软件资源、网络资源等。

②定义测试目标，明确要测试的性能指标、测试范围、测试时间等。

③选择测试方法，为需要测试的目标选择适合的测试方法。

④设计测试用例，模拟实际用户操作的过程。

⑤进行基准测试，获取系统的基准性能指标。

⑥进行压力测试，逐步增加负载，观察系统性能指标的变化。

⑦分析压力测试结果，找出系统的瓶颈和优化方案。

⑧进行优化测试，根据优化方案优化系统性能。

⑨进行验证测试，再次进行压力测试，确认优化后的系统性能是否提高。

3. 计算机压力测试核心算法与数学模型

压力测试的核心算法主要包括负载生成算法，用于模拟用户请求的过程，如均匀负载、指数负载、泊松分布负载等。性能指标计算算法用于计算系统性能指标，如响应时间、吞吐量、错误发生率等。瓶颈检测算法用于找出系统的瓶颈，如资源瓶颈、逻辑处理瓶颈等。

压力测试的主要数学模型如下。

①排队论模型（Queuing Theory）。用于描述系统中的请求和资源之间的关系，分析和模拟系统中的请求处理过程，以评估系统在不同负载条件下的性能表现。通过排队论模型，系统设计者可以估算在高负载下系统是否会产生瓶颈，了解系统的响应时间（ms）、吞吐量（qps）以及其他性能指标。排队论模型通常包括请求方、服务台、队列、服务时间、到达率以及服务率等基本要素。在计算机系统压力测

试中，排队论模型用于预测系统的性能瓶颈、优化资源分配以及改进系统设计。例如，排队论模型可以通过 Little 定理计算系统的响应时间，即请求从到达系统到被处理完成所需的总时间。通过调整系统的服务率和到达率，可以找出系统响应时间的瓶颈。其一般流程（参见 Kendall 符号表示法）如图 4-1 所示。

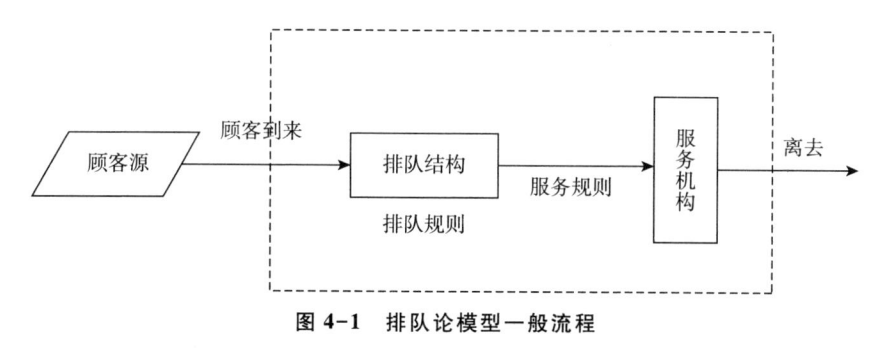

图 4-1　排队论模型一般流程

②随机过程模型。用于描述系统中的请求和响应之间的关系。随机过程是一种由概率分布和随机变量组成的动态系统，其中每个随机变量都代表一个事件或状态。随机过程可用于模拟分析随机事件，并用状态转移矩阵表示，状态转移矩阵描述系统从某一状态转移到另一状态的概率分布。状态转移矩阵可通过极大似然估计或贝叶斯方法进行参数计算。

③性能指标模型。用于描述系统中的性能指标和影响因素。通过性能指标描述模型的性能，比较不同建模方法的优劣，以及优化模型参数。性能指标是评估模型的关键工具（尤其是在机器学习领域），它们可以帮助我们系统评估模型的性能。

常用的性能指标包括准确率、精确率、召回率等。这些指标适用于不同的场景和任务类型，因此，选择合适的指标非常重要。

准确率是最基本的性能指标之一，表示模型预测正确的样本数占总样本数的比例。准确率的计算公式为：准确率＝（正确预测的正样本数＋正确预测的负样本数）/总样本数。准确率不适用于样本不平衡的情况，因为它对正负样本都进行了考虑。

精确率是指模型预测为正样本的样本中实际为正样本的比例。精

产业链韧性打造：基于重点产业链压力的视角

确率的计算公式为：精确率=正确预测的正样本数/（正确预测的正样本数+错误预测的正样本数）。精确率适用于需要控制假阳性（Type I 错误）的场景。

召回率是指实际为正样本的样本中被模型预测为正样本的比例。召回率的计算公式为：召回率=被正确预测的正样本数÷实际正样本总数。召回率适用于关注并控制假阴性样本的情况。

平均排队时间是系统在负载下等待处理的请求在队列中停留的平均时间。平均排队时间过长可能表明系统存在瓶颈，处理能力不足或系统设计不合理。这一指标可以结合排队论模型进行计算，也可以通过应用服务器监控工具查看。

除了这些基本的性能指标外还有一些其他指标，如 ROC 曲线下面积（AUC-ROC，Area under the ROC Curve）、PR 曲线下面积（AUC-PR，Area under the Precision-Recall Curve）等。AUC-ROC 表示受试者工作特征曲线下面积，反映模型对正负样本的排序能力，AUC-PR 表示精确率-召回率曲线下面积，适用于类别不平衡场景的性能评估。在实际应用中，需根据问题类型（分类/回归）和数据特性（类别平衡性）选择模型性能评估指标。

除了上述三个数学模型外，在实际的计算机压力测试中，还存在很多其他数学模型，如概率模型（Probabilistic Model）。这一模型用于处理不确定性和随机性，适用于模拟请求到达和处理时间的随机性。例如，泊松过程（Poisson Process）常用于模拟请求到达的模式，而指数分布（Exponential Distribution）可以用来模拟处理时间。此外，还有马尔可夫链模型（Markov Chain Models）。这一模型用于描述系统状态之间的转换过程，特别适合描述具有有限状态和状态间转换的系统。例如，服务器在不同时间可能处于空闲、忙碌或宕机状态，马尔可夫链可以对这些状态及其转换的概率进行建模。不同的数学模型适用于不同类型的系统和测试场景，如排队论模型适用于评估请求处理性能，而马尔可夫链模型适用于评估系统的状态转换和稳定性。通过这些模型，可以更精确地识别系统的瓶颈和优化点，为系统设计和优化提供数据支持。

二 动态压力测试理论与方法

(一) 金融领域动态压力测试理论与方法

前述的静态压力测试理论与方法不能准确地识别和测试商业银行所面临的流动性风险。流动性风险是指金融机构无法以合理成本及时获得充足资金应对债务或资产变现需求时产生的风险。因此商业银行需要对其流动性风险进行压力测试和情景分析。流动性压力测试可以预测在模拟情景下商业银行流动性的变动情况，并由此判定商业银行所面临的流动性风险大小及其成因。与静态压力测试方法相比，压力测试对商业银行加强流动性管理更具实践指导意义。

1. 系统动力学模型

系统动力学（System Dynamics，SD）是一种用于分析和模拟复杂系统行为的建模方法，并被广泛应用于各个领域（如社会科学、经济学），旨在帮助人们理解复杂系统的长期行为模式。系统动力学模型通常包括源、汇、存量、流量、速率和常数等组成部分，源持续产生系统输入，汇吸收输入，存量记录变量的当前值，流量描述存量间的反馈关系，速率和常数用于流量，流量可以随时间变化，也可以是不变的。

系统动力学模型和马尔可夫链模型的区别在于，它不必然达到稳态均衡。系统动力学模型阐明了负反馈回路会怎样调节政策的效果，它最大的价值在于能够帮助我们深入思考自己行动的影响，通常能考虑到直接的影响，但是不一定考虑间接影响，在特定条件下可以辅助人们对一些模糊的问题进行深入的思考。不过，系统动力学模型也存在一些局限性，如其对金融和代理人行为因素考虑不足等。

2. 可计算的一般均衡模型

可计算的一般均衡（Computable General Equilibrium，CGE）模型是一种基于经济理论的经济学数值分析工具，广泛用于分析经济体中不同部门、市场的相互作用及政策影响。CGE 模型基于"一般均衡理论"，将生产者、消费者及政府等多个经济主体纳入一个完整的框架，通过求解系列非线性方程来模拟市场的均衡状态。

CGE模型的理论基础是新古典经济学中的一般均衡理论,由法国经济学家莱昂·瓦尔拉斯在19世纪提出。该理论认为,在政府宏观调控下的市场经济体系中,各个商品和要素市场通过价格机制相互作用,最终实现供需平衡,使经济体达到总体均衡状态。在CGE模型中,典型的经济主体如下。①生产者:生产企业根据生产函数(通常是柯布-道格拉斯生产函数或CES函数)决定要素投入和产出,同时追求利润最大化。②消费者:家庭通过提供劳动力、资本等生产要素获得收入,并在消费和储蓄之间进行选择,追求效用最大化。③政府:政府通过税收、支出和转移支付影响经济运行,还可以通过产业政策、价格指导等方式参与市场调节。④外部部门:对外贸易部门处理符合国际贸易规则的进口、出口和国际资本流动。

在CGE模型的数学结构中,主要有生产方程、消费方程、要素市场均衡、商品市场均衡以及政府预算约束等部分。生产方程是指每个行业的生产过程由生产函数描述,常见的形式包括柯布-道格拉斯(Cobb-Douglas)函数和不变替代弹性(CES)函数。生产函数反映了不同生产要素(如劳动力、资本、原材料等)的投入如何转化为产出。以柯布-道格拉斯函数为例,生产函数为:

$$Y = A \cdot F(K, L)$$

其中,Y是产出,A是技术系数,K是资本投入,L是劳动力投入,F是生产函数形式。

消费方程是指消费者根据效用最大化原则进行消费决策,效用函数常用柯布-道格拉斯函数或线性支出系统(Linear Expenditure System,LES)表示。消费者面临预算约束,需在消费品之间进行选择:

$$U = f(C_1, C_2, C_3, \cdots, C_n)$$

其中,U是效用函数,C表示第i种消费品的消费量。

要素市场均衡是指劳动力和资本等要素的供需均衡,通过市场机制实现。劳动供给通常由劳动力规模决定,而资本供给由社会总投资水平决定。要素价格即工资与资本收益率通过市场调节。商品市场均衡是指每种商品的供给与需求需保持均衡，供给由生产决定，需求由消费端和生产端的购买决策共同决定。进出口贸易通过调节国内外市场关系影响均衡，影响国内供给和需求。政府预算约束是指政府通过税收和支出影响经济活动，在标准经济模型中通常设定政府预算平衡约束，即政府财政总收入等于总支出。

3. 动态随机一般均衡模型

动态随机一般均衡（Dynamic Stochastic General Equilibrium，DSGE）模型是一种广泛应用于现代宏观经济学分析的模型，主要用于分析经济体中的动态行为和政策冲击。DSGE 模型结合了微观经济主体最优化行为、随机扰动、时间动态以及市场均衡理论，能够在宏观经济研究中进行预测和政策分析。DSGE 模型的核心要素如下。①动态性：DSGE 模型考虑了经济体的动态特征，意味着它描述了经济变量（如产出、通货膨胀、消费等）随时间演变的过程。经济主体的决策不仅依赖当前的经济状况，还会考虑未来的预期和变化。②随机性：DSGE 模型引入了随机冲击（Stochastic Shocks），这些冲击代表了经济系统中无法预测的因素，如技术冲击（Technology Shocks）、偏好冲击等外生变量。随机冲击引发经济变量的波动，使得模型能够更真实地反映现实经济中的不确定性。③一般均衡：DSGE 模型遵循一般均衡理论，假设所有市场（商品市场、劳动力市场等）通过价格机制达到供需平衡。即经济中所有决策者（消费者、企业、政府等）根据其偏好和约束条件做出最优决策，从而推动整个经济体在市场调节下达到均衡状态。

由于 DSGE 模型包含复杂的动态优化问题和随机冲击，通常无法直接求得解析解。因此，需要借助数值方法进行求解。常用的求解步骤包括：第一，将非线性的 DSGE 模型进行对数线性化，得到近似线性模型；第二，将模型转换为状态空间形式，方便利用卡尔曼滤波等方法进行估计和求解；第三，校准模型的参数，通常根据历史数据和已有文献中的经验值选择参数，也可以通过贝叶斯估计方法，基于观测数据对参数进行估计；第四，通过数值模拟货币政策冲击、技术冲击等外生变量冲击对经济体的动态影响，模拟结果为经济政策的设计提供依据。

这一模型通过引入不同的随机冲击和政策工具，可为政策制定者提供多样化政策方案的模拟与评估。然而，在金融领域的压力测试（Stress Testing）分析中，DSGE 模型也存在算力要求高、理性假设严苛等应用局限。

（二）计算机领域动态压力测试理论与方法

在计算机领域，动态压力测试是一种模拟真实应用场景，对系统、应用程序或网络进行测试的方法，目的是确定其在极限负载情况下的性能和稳定性。通过动态压力测试，可以发现系统性能瓶颈及潜在缺陷，通过架构调整或资源配置优化系统提高其性能和稳定性。

动态压力测试的主要类型包括以下几种。①负载测试：测试系统在正常负载下的性能指标，以确定系统的容量和资源利用率。②并发测试：测试系统在同时处理多个请求时的性能和稳定性，以确定系统的并发处理能力。③峰值测试：测试系统在短时间内接收突发性高峰访问量时的性能和稳定性，以确定系统的过载保护机制有效性。④耐久测试：测试系统在长时间高负载下的性能和稳定性，以确定系统的可靠性和容错性。⑤容量测试：测试系统在最大负载下的性能和稳定性，以确定系统的容量和资源利用率。⑥故障注入测试：测试系统在异常情况下的性能和稳定性，以确定系统的容错性和恢复能力。

进行"动态压力测试"时，需要关注的关键指标包括"响应时间""吞吐量""并发用户数""CPU 使用率""内存使用率""网络流量""错误率"等。这些指标有助于评估系统在高负载条件下的性能表现。动态压力测试中的瓶颈分析方法包括收集测试数据、分析测试数据、确认瓶颈位置、优化瓶颈模块、测试优化效果、建立性能监控机制以及持续优化等步骤。通过这些步骤，可以对系统进行全面的性能评估，并采取相应的措施来提高系统的性能和稳定性。

动态压力测试工具如 Apache JMeter，可以用于模拟各种压力测试场景，包括 HTTP、FTP 等服务器、数据库的压力及性能测试，以及应用程序的功能及回归测试。JMeter 等工具提供了灵活的测试脚本编写和断言功能，支持测试人员模拟复杂的用户行为和系统交互。

在进行压力测试时，还需要注意测试的基本流程，包括确定压力测试目标、选择测试对象、制定测试策略以及分析和评估测试结果。这些流程有助于确保压力测试的有效性和准确性，从而为系统的优化和改进提供有力的支持。

第二节 基于多主体"点"的压力测试理论

一 重点产业链压力测试理论与方法概述

压力测试作为一种成熟的风险量化工具，能够预判极端事件对系统的影响，因此广泛应用于金融和计算机领域。基于不同领域风险管理的相似性，本部分将探讨压力测试的核心方法论，并结合重点产业链的特点，通过重点产业链的风险传导机制，将金融业与信息科技领域的压力测试方法应用于重点产业链的系统性风险评估。

随着产业链的网络化发展，传统基于点线关系视角对产业链维度的划分已不能很准确地描述产业链特征，而基于网络关系视角对产业链维度进行分类能更综合地描述和概括重点产业链的特征。具体地，将网络关系的核心要素——主体和结构的概念迁移到产业链领域，作为对产业链维度划分的新视角。作为产业链的构成要素，主体和结构也是承载重点产业链压力的主要载体。那么，在对重点产业链进行压力测试时，既要对产业链的企业主体实施压力测试，也要对企业主体间的联结结构进行测试，这样才能综合反映重点产业链的抗压能力。

因此，产业链压力测试的重点在于分析测试对象（产业链节点、节点间关系，或产业链系统）面临模拟的极端冲击时，对潜在损失的最大承受能力，即极端风险量化过程，也可视为一种针对产业链体系的临界值分析技术。其核心思想如图 4-2 所示。

图 4-2 中菱形框表示某次压力测试的对象，它可以是某个具体的

产业链韧性打造：基于重点产业链压力的视角

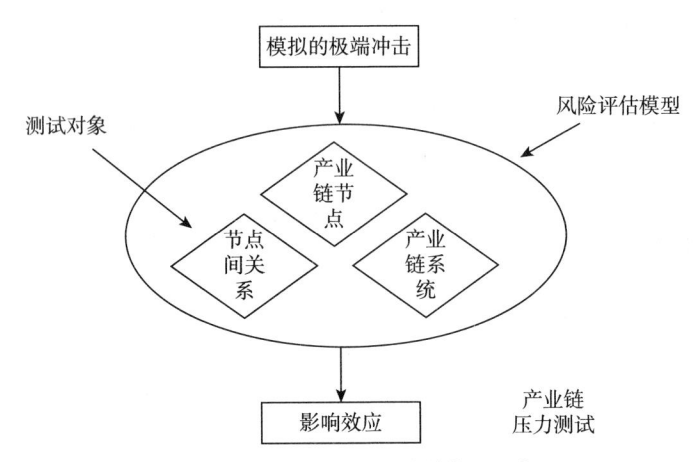

图 4-2 产业链压力测试的核心思想

产业链节点、明确的节点间关系，或整个产业链系统。图中椭圆代表在某次压力测试过程中，用于度量测试对象对于模拟的极端冲击的风险评估模型。根据图 4-2 的描述，产业链压力测试的核心思想可理解为通过模拟各类极端或常态冲击，即各种压力情景的设定，利用确定的产业链风险评估模型，测算出在特定压力情景下模拟的极端冲击给特定测试对象带来的影响效应，即其所面临的潜在损失。压力测试显示出最差情景下测试对象所能承受的风险容忍边界。

从本质上说，产业链压力测试是通过可能引起薄弱环节显现的小概率压力情景来量化风险传递机制中描述的相关产业链风险渠道的大小。因此，一次确定的产业链压力测试过程可被认为是一个 What-if 0 的实验。在回答如果……那么……的过程中，帮助企业识别产业链体系内承受风险冲击时所暴露出的结构性弱点和整体风险水平；在风险尚未真正发生时采取有效措施，主动预防重大意外事件的发生，或将风险事件造成的损失降低到最小。因此，与传统基础产业链风险管理方法不同，压力测试作为一种前瞻性风险管理手段，强调未雨绸缪，而非仅仅依靠事后管理"亡羊补牢"，这一风险管理理念是压力测试方法的核心要义。

二 自主可控压力测试理论与方法

自主可控压力的本质,即重点产业链面临外部冲击和风险时仍然能够稳定运行的能力,这与产业链韧性息息相关,因为韧性反映了重点产业链受到外力冲击时对断链的抵抗能力。

(一) 自主可控压力与重点产业链韧性

自主可控压力来源于逆全球化趋势下战略性新兴产业链的"不稳"问题,即缺乏技术自主和结构可控能力,导致重点产业链存在较大的断链风险。明确测试对象是选取测试指标的前提。基于主体-结构视角,将重点产业链的自主可控压力解构为作用于产业链主体和结构的产业自主压力与结构可控压力。研究认为自主可控压力反映重点产业链是否能在遭受供需冲击时保持稳定运行,展现出重点产业链在战略性新兴产业领域的整体韧性,即产业链抵御冲击的能力。因此,采用产业链韧性作为测试自主可控压力的核心指标。原因有二:其一,韧性是可以反映重点产业链承压的直观指标;其二,产业链韧性可以客观反映重点产业链的抗压能力。

(二) 韧性理论与重点产业链韧性测试

韧性理论是解释韧性问题的核心理论。该理论起源于工程学,用以反映物质或材料抵抗外部作用力的能力。近年来,韧性理论经Holling、Walker等学者引入产业经济学领域,用以解释产业链系统应对全球供应链不确定性冲击时所表现出的韧性。因此,运用韧性理论来设计重点产业链韧性的评估指标体系,以此反映重点产业链的自主可控能力水平。

根据韧性理论,系统在遭受外界扰动时能够通过抵御冲击、功能重组来保持原始功能。因此,产业链韧性反映在面对内外部风险和挑战时,节点企业与链式结构所表现出的维持并恢复系统稳定性、防止断裂、抗冲击以及自我恢复的能力水平。根据韧性理论的演化视角,系统遭受压力时会展现出抵御、抵抗、适应与恢复的能力。由于此四项能力对于重点产业链的安全稳定起到重要作用,将这四类能力演变

产业链韧性打造：基于重点产业链压力的视角

为评估结构韧性的具体指标。基于此，将脆弱性、抵抗性、适应性以及恢复性作为测试重点产业链自主可控压力的核心指标。

结合主体-结构的研究视角，重点产业链韧性又可细化为产业链主体韧性与产业链结构韧性。其中，主体韧性主要反映节点企业应对压力冲击的能力，结构韧性反映链式结构在压力冲击下保持正常运转的性质。依据四项测试指标，分别探索针对主体韧性与结构韧性的细化指标（见图4-3）。

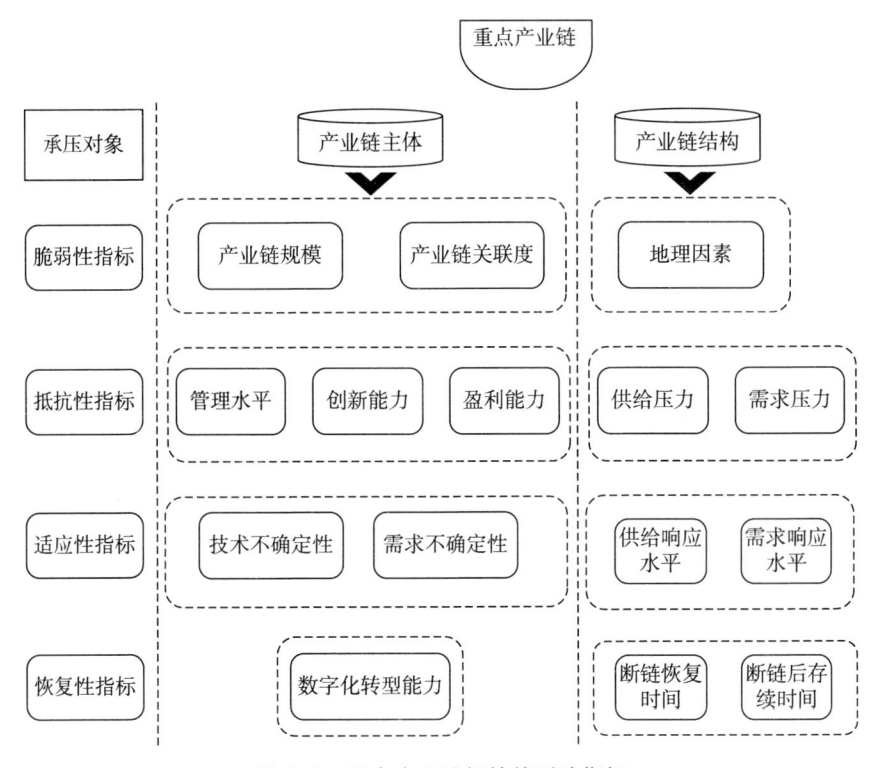

承压对象	产业链主体	产业链结构
脆弱性指标	产业链规模　产业链关联度	地理因素
抵抗性指标	管理水平　创新能力　盈利能力	供给压力　需求压力
适应性指标	技术不确定性　需求不确定性	供给响应水平　需求响应水平
恢复性指标	数字化转型能力	断链恢复时间　断链后存续时间

图4-3　重点产业链韧性的测试指标

三　高端跃升压力测试理论与方法

重点产业链高端跃升压力就是其由劳动密集、低附加值转向技术-知识双密集型、高附加值的能力。这与产业链的创新力息息相关，因为创新力反映了主体通过整合各生产要素实现产品、服务向高附加值方向转型升级的能力。因此，选取主体创新力与结构创新力作为重点产业链高端跃升压力的评价指标，并基于创新柔性（Organizational Flexibility）理论构建高端跃升压力的评价指标体系。

（一）高端跃升压力与重点产业链创新柔性

我国重点产业链面临着由劳动密集、低附加值转向技术密集-知识密集、高附加值发展的跃升压力。实现高端跃升的本质在于创新跃升，对于我国重点产业链而言，主体和结构均对实现创新跃升起着决定性作用。因此，选取主体创新力（Subject Innovation）和结构创新力（Structural Innovation）作为衡量高端跃升压力的评估指标，下文将分别阐述两种创新力的基本概念。

主体创新力包括主体创新和主体柔性两个维度。其中，主体创新是指主体在实践活动中不断提供具有经济价值、社会价值、生态价值的新思想、理论、方法和发明的能力；主体柔性是指主体快速适应环境发展变化的能力。结构创新力主要表现为结构创新柔性，它突出了重点产业链通过结构创新应对产业链结构压力的能力。因此，以资源创新柔性指标、人员创新柔性指标、制度创新柔性指标和文化创新柔性指标为基础，构建高端跃升压力测试的指标体系。

（二）创新柔性理论与重点产业链的创新柔性测试

基于创新柔性理论，我国重点产业链承受的高端跃升压力水平可以通过主体创新柔性和结构创新柔性来评估。其中，主体创新柔性主要由重点产业链中的企业资源和企业环境构成。企业实体资源方面主要包括资源创新柔性指标和人员创新柔性指标，而企业环境方面主要包括制度创新柔性指标和文化创新柔性指标。因此，本研究以资源、人员、制度及文化四类创新柔性指标为基础构建高端跃升压力测试指标体系。

对于主体创新柔性而言，衡量资源创新柔性的目的是评估重点产业链创新力的物质基础。因此，在重点产业链进行创新的过程中，可调动资源的范围、资源创新配置成本及资源创新转化效率是决定重点产业链应对价值链高端升级压力的物质基础。人员创新柔性决定重点产业链主体的各层级人员及岗位（企业领导、管理人员、技术人员、研发人员）对创新的态度和具备的能力，以及他们面对创新过程中的组织流程变革压力和外部不确定性冲击的反应和方式。制度创新柔性反映重点产业链组织制度对创新的抑制或促进程度。文化创新柔性反映重点产业链主体创新的软实力，强调了重点产业链文化对创新所带来变化的接受度与认同水平，体现了重点产业链发现、适应、利用并最终引领创新变化的重要能力。

对于结构创新柔性而言，其柔性强度主要取决于重点产业链的链式关系。结构创新柔性指标具体包括供需链创新柔性指标、企业链创新柔性指标和空间链创新柔性指标（见图4-4）。具体而言，供需链创新柔性指标是产业链创新研究的基础，包括需求链创新柔性指标、供应链创新柔性指标和技术链创新柔性指标，这些链条的创新程度是决定我国重点产业链实现高端跃升目标的结构性支撑。企业链创新柔性体现的是产业链如何"连点成线"进行创新，它可以分为企业间、政企间、产消间的协同连接。空间链创新柔性指标主要体现的是我国重点产业链跨区域布局对创新跃升的影响。

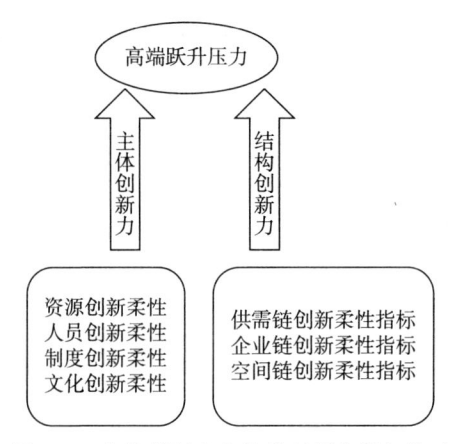

图4-4 主体创新力和结构创新力指标体系

第三节 新一代信息技术环境下重点产业链压力测试指标体系

一 新一代信息技术环境下重点产业链压力测试

在明确了重点产业链分类和压力分类的基础上，还应进一步探讨产业链压力测试的方法。压力测试作为一种有效的风险管理工具，在金融、信息技术和能源等领域已得到广泛应用。将压力测试引入制造业等重点产业链的研究领域，有助于更全面地评估重点产业链的抗压能力。

在进行压力测试时有如下三点要求。第一，构建科学的压力测试理论框架是确保测试可行性的关键。该框架应包括压力来源分析、测试指标体系构建、测试方法设计等核心模块，通过系统化设计保障测试结果的客观性和准确性。同时，还需要根据不同类型的产业链和压力类型，制定针对性的含应急预案的三级响应测试方案，以提升测试效度（信度系数≥0.85）。第二，丰富的数据来源和高质量的数据处理是保障测试可行性的重要基础。经过《中华人民共和国统计法》规范的政府部门数据、经审计的行业报告等权威数据，符合《中华人民共和国网络安全法》的脱敏要求，可以为压力测试提供有力的数据支撑。第三，选择合适的测试方法和模型是实现测试可行性的重要手段。根据产业链的特点和压力类型，可以选择情景分析法（需设置极端压力阈值）、历史模拟法（需考虑样本时效性）、蒙特卡洛模拟法等方法进行压力测试。这些方法可以模拟产业链在不同压力情景下的表现，依据巴塞尔协议Ⅲ框架量化评估风险敞口和韧性水平。

二 新一代信息技术环境下压力测试评估指标

在明确新一代信息技术环境下重点产业链面临的压力和关键压力点后，需要构建科学合理的压力测试和评估指标体系，可以从以下几个方面入手。一是建立针对不同类型产业链的压力测试框架和评估模型；二是选取产业链韧性、市场敏感度等核心指标进行量化评估；三是结合实际情况参照国际通行准则制定合理的评估标准和阈值。在构建指标的过程中，应注重指标的科学性、可操作性和适用性。同时，还应根据不同产业链的特点和压力类型进行差异化设计，以确保评估结果的准确性和有效性。此外，还应定期对评估指标进行动态调适与完善，以适应双循环新发展格局下产业演进的新发展趋势和市场需求变化。

（一）自主可控压力测试与韧性指标

1. 脆弱性指标构建

重点产业链的结构要素包括节点企业和结构，二者共同构成上下游层级关系，当某一节点或链环遭受外部冲击时，整个产业链都会受到影响。因此，针对产业链主体（即节点企业）和产业链结构（即链式结构）进行脆弱性评估指标体系构建。

（1）针对产业链主体的脆弱性评估指标

针对产业链主体的脆弱性，可根据主体规模来进行衡量。对于规模较大的重点产业链而言，其产业基础（如产业配套率等）更为完善、库存管理更为合理，更容易朝均衡、稳定趋势发展，不易因较小冲击而断链，脆弱性相应较低。具体测量方面，采用节点企业总产值及产业链企业数量反映产业主体规模，规模越大，其脆弱性压力越低。

（2）针对产业链结构的脆弱性评估指标

对于产业链结构脆弱性的评估，可利用产业关联度和地理集中度两项指标进行测算。产业关联度侧重衡量产业网络紧密度，地理集中度侧重分析产业链空间分布特征来评价重点产业链结构脆弱性。

产业关联度。[①] 重点产业链拥有较高的产业关联度是确保重点产业链安全稳定运行的前提之一。若产业关联度较低，则节点企业之间的合作关系可能不够密切，使整体的链式结构呈现极高的断裂风险，即低结构韧性。反之，高产业关联度的产业链可以依托核心企业发挥产业协同带动作用，形成一定的风险抵御能力，降低重点产业链的脆弱

---

① 产业关联度指产业间通过产品供需形成的技术经济联系。

性。通常，产业关联度可以用感应度系数、影响力系数以及产业集聚程度三个指标进行测量。

地理集中度。重点产业链的发展无法完全脱离地理因素的限制，当各节点企业受地理因素阻隔时，其交易效率和交易成本都会受到负面影响。此外，各地区经济发展水平不一，还可能导致产业链各企业发展不均衡，削弱重点产业链的稳定性。因此，可以借助企业间直线距离（空间距离）、交通运输成本、经济发展水平差异等指标来测度地理集中度及影响。若直线距离过远、交通运输成本（如单位里程运输费率）过高，地区间经济发展水平差异过大，则可能导致重点产业链发展不平衡，存在较大的产业链脆弱风险。

2. 抵抗性指标构建

在抵抗性方面，研究认为，产业链主体的抵抗力主要体现在其管理水平、创新能力以及盈利能力上，而产业链结构则抵御供需压力冲击。对于主体企业而言，其管理、创新和盈利能力直接影响企业的正常运营，这三项能力越强，其抵抗力越强，承受的压力越小。对于产业链结构而言，供需是保障产业链结构稳定的核心要素：供给不足，重点产业链缺乏发展资源；需求不足，重点产业链的经济效益受损。因此，供需压力能够有效反映抵抗性水平。

（1）针对产业链主体的抵抗性评估指标

管理水平。高管理水平的节点企业通常拥有更高的知识水平、技能水平、资源配置能力和高效的生产方式，因此，其可控性更高，抵抗性相应更强。一般而言，管理水平可以从从业人数、教育程度、劳动力成本、资源配置能力四个方面进行评估。

创新能力。节点企业的创新能力是预测重点产业链能否稳健发展的重要指标，若核心节点企业的创新能力有限，则重点产业链整体创新水平不均衡，会抑制核心企业的带动作用，削弱节点企业的抗风险能力。可利用发明专利授权数量、内部研发经费总额（按营业收入占比标准化处理）、高科技活动企业占比三个指标来评估节点企业的创新力，这三项指标对节点企业的创新力具有直观表征作用。

盈利能力。节点企业的盈利能力也能较好地反映节点企业的抵抗性,盈利能力较弱的企业其风险抵御能力也相对较低。可以反映企业盈利能力的指标非常丰富,可以通过销售收入、利润总额与成本利润率等指标来进行测试,若三项指标处于行业较高水平,则反映节点企业具有良好的经济效益,其风险抵御能力较强。

(2)针对产业链结构的抵抗性评估指标

供给压力。它主要来源于重点产业链中供应商提供原材料、配套技术能力的动态变化,对其进行预判将有助于提升重点产业链缓解供应压力带来的负面影响的能力。为此,重点产业链需要对供应方的供应成本、供应承诺和供应连续性等三个指标开展评估。供应成本直接反映重点产业链的抵抗压力,其成本越高,抵抗压力就越高;而供应承诺和供应连续性是供应稳定性的表现,指标数值越高,供应危机就越小,产业链抵抗能力则越强。

需求压力。它主要来源于重点产业链可能遭遇的需求收缩。该压力的测量指标为针对各节点企业的预测需求。当预测需求较高时,重点产业链才不致承受较大抗压风险。需求测算可以根据客户以往的订单信息进行预估,也可以通过询价的方式生成预订单,然后基于预订单开展排产和库存管理。

3. 适应性指标构建

适应性指标旨在反映重点产业链在压力冲击下保持正常运作的程度。对于产业链主体而言,适应性压力反映技术更迭以及市场风险对节点企业造成的影响,可依据环境不确定性的二元分类法,利用技术不确定性和需求不确定性两个指标进行测量。对于产业链结构而言,适应性压力反映链式结构应变的灵活性,因此,可通过供给响应水平和需求响应水平来评估结构灵活性。

(1)针对产业链主体的适应性评估指标

技术不确定性。这是刻画技术更迭状态的成熟度指标。本研究拟采用该指标评估产业链主体对技术更迭的适应能力,借此显示其适应性压力。根据技术不确定性的操作性定义,该指标代表企业在不确定情景下保持稳定创新的能力。因此，技术不确定性的衡量可以通过评估重点产业链整体的新产品发布数量、专利数量进行测算，也可以采用核心企业所在产业发明专利年均数量在企业自身总授权专利数中所占比例的波动来反映核心企业的创新适应力，加总各核心企业的数值后可代表产业链整体的创新适应力。若波动较小，则代表产业链对技术不确定性的适应能力较强，其适应性压力较低，反之则适应性压力较高。

需求不确定性。这是刻画市场风险的成熟指标。本研究采用该指标评估产业链主体对市场风险的适应能力。通常需求不确定性通过企业过去五年中营业收入的标准差来进行测度，这是由于需求不确定会显著影响产业链的整体销售额，因此，销售额的波动被认为是较为理想的指标。对重点产业链核心企业的需求不确定性测算值进行加权汇总后，即可反映产业链整体对于市场风险的适应能力。若需求不确定性值较低，则表明重点产业链具备良好的适应力，能够有效抵御市场风险。

（2）针对产业链结构的适应性评估指标

供需响应水平。当重点产业链面临压力冲击时，加强上下游供需主体间的结构灵活性能够缓解不确定性带来的冲击。在灵活的产业链结构作用下，下游企业能够较快地将市场信息反馈给上游供应商与制造商，上游供应商与制造商则通过提供优质产品来维持对市场需求的响应。产业链结构灵活性越强，其供给响应能力与需求响应能力就越敏捷，产业链整体对于市场的适应能力相应越强。因此，可从重点产业链的供给响应水平和需求响应水平来评估产业链结构的适应能力，若其适应能力较强，则所面临的压力相对较低。

4. 恢复性指标构建

重点产业链应对关键核心技术自主可控压力的能力不仅体现在对发展压力的抵抗和适应上，还表现为压力冲击下的快速恢复能力以及极端冲击下的结构调整和转型能力。也就是说，可以分别从产业链主体的替代竞争能力和断链修复能力来构建重点产业链恢复性指标。

（1）针对产业链主体的恢复性指标

替代竞争能力。它是指重点产业链在外需不足、内需疲软、人口红利边际递减以及产业链部分中低端环节向东南亚国家转移的背景下，利用数字化转型实现产业链智能化发展的能力。数字化技术的应用，既能提升产业链运营效率，又能优化劳动力配置，培育重点产业链核心竞争力。因此，本研究将数字化转型能力作为衡量重点产业链替代竞争能力的指标。本研究认为，若产业链主体的数字化转型能力较强，则其发展潜力较其他产业链更具比较优势，也更容易获取产业竞争优势，其抗风险能力相应也较低。

（2）针对产业链结构的恢复性指标

断链恢复能力。重点产业链的断链恢复能力可以利用两个指标进行衡量："断链恢复时间"与"断链后存续时间"。所谓断链恢复时间是指重点产业链中某节点或某链环被压力中断后完全恢复所耗费的时间；断链后存续时间是指，重点产业链某节点或某链环中断后仍能满足供需的最长持续时间。这两种指标用于评估重点产业链的恢复能力，断链恢复时间越短、断链后存续时间越长则重点产业链的恢复能力越强，其承受的恢复压力相对越小。

（二）高端跃升压力测试与创新柔性指标

1. 主体创新柔性指标

（1）资源创新柔性

资源创新柔性是我国重点产业链应对高端跃升压力的基础性评价指标，它是衡量产业链创新主体在创新跃升过程中的创新资源可应用范围、创新资源使用成本和资源创新转化效率。资源是产业链相关企业能够进行正常经营活动的基础，尤其是在创新活动过程中，资源的优化配置直接影响创新的成功率。因此，资源创新柔性指标是我国重点产业链主体创新风险评估最重要的指标，由三个维度构成。

创新资源转化范围。要实现重点产业链的高端跃升，就要把重心向高端创新转移，尤其是以重大技术突破和重大发展需求为基础的产业链，需要资源从其他环节向创新跃升环节转化，这决定了创新资源转化范围对创新资源弹性的重要性。当重点产业链中的资源同时可用于开发、创新、制造、分配和销售等多个环节时，此时的重点产业链创新资源弹性就更大。当制造、分配、销售环节的资源难以向研发创新环节转化时，此时的创新资源柔性就较小。

创新资源转化成本和难度。当重点产业创新链的门槛、成本过高时，创新资源会呈现高度僵化状态，会提高创新资源的转化成本和转化边际成本。因此，创新资源的转化成本和难度越大，其创新资源灵活性就越小。

创新资源转化效率。高端跃升压力对产业技术性提出较高要求，同时面临技术时效性问题，资源转化过程的效率对高端跃升创新有很重要的影响。当重点产业链创新资源转化效率较低时，资源跨环节转化过程缓慢，将延缓创新研发进度，制约产业高端跃升进程。

（2）人员创新柔性指标

如果资源创新柔性指标是重点产业链应对高端跃升压力的基础的话，那么人员创新柔性指标就是重点产业链应对高端跃升压力的保障。人员创新柔性是重点产业链创新过程的衡量标准，重点产业链的运行由企业主体各层级员工协作完成，每个层级在应对高端跃升压力时承担了不同的任务，这些层级形成了"人员创新柔性共同体"。人员创新柔性指标体系划分为三个维度。

各级员工的创新协同性。重点产业链能够应对高端跃升压力的一个重要因素是全体员工具有较高的创新协同性，它是各层级能够形成共识的重要体现，减少了因为创新观念不一致产生的组织矛盾，提高了重点产业链高端跃升方向的凝聚力，人员创新柔性就较强。

各层级员工的技术创新性。创新要求重点产业链主体企业具有较强的技术，要求员工面对不确定性时仍能灵活运用技术进行创新。因此，各层级员工的技术创新性越强，其人员创新柔性就越强。

领导层员工的创新领导力。重点产业链中的主体领导层需要具备把握创新总体方向和克服创新阻力的能力。重点产业链中的主体领导层创新领导力越强，人员创新柔性就越强。

(3) 制度创新柔性指标

制度创新软性指标是衡量重点产业链主体企业创新环境的重要方式。创新制度是重点产业链主体制定的创新约束和实施机制，它反映重点产业链主体企业应对跨越式创新的保障力度，包括针对重点产业链主体的知识产权制度和政府监管机制两个指标。

知识产权制度是以产业链主体为作用对象，有效促进重点产业链科技创新和对其创新成果的知识产权进行保护的重要手段。知识产权制度的完善能够促进产业链主体内部与外部的研发合作、技术转让，从而有利于创新的快速传播。政府监管机制是指政府针对重点产业链主体的创新活动施加的某种限制和约束。对于正式制度创新的适应性而言，政府能提供的政策性服务包括法规监管、税收优惠、创新支持政策（如研发补贴、专利加速审查等），是帮助重点产业链主体获取前沿技术信息和科学知识并进行创新的重要途径。

(4) 文化创新柔性指标

文化创新柔性指标是重点产业链应对高端跃升压力的一项软实力的体现。重点产业链文化创新柔性指标是根植于重点产业链内部特有的价值观和基本信念的指标，这种价值观和信念为产业链的创新活动提供行为准则，并指导产业链的活动和行为。文化创新柔性指标具体包含三个维度。

指令型创新文化指标。指令型创新文化是指在重点产业链主体创新中主要依赖命令或指令来进行创新。重点产业链主体的管理者做出创新决策之后，通过既定的层级关系，可以迅速将决策传递到组织的各个层级，在创新信息传递过程中具有显著效率优势，降低了内部交易成本。因此，指令型创新文化对重点产业链的创新具有正向促进作用。

支持型创新文化指标。支持型创新文化在重点产业链中主要体现为重点产业链内外部交流、相互支持与信任。这种交流机制有利于重点产业链与外部创新知识的交流，产业链企业可以及时了解市场需求和外部信息，从而有助于重点产业链创新能力的提升。

创新型文化指标。创新型文化指标用于衡量重点产业链中的文化氛围对产业链组织和成员创新、变革的激励程度。创新型文化可以营造一种以挑战、冒险和创新性为价值观，以结果为导向，勇于创新的环境，支持能产生新产品、新服务和新技术的想法、实验和行为。

2. 结构创新柔性指标

（1）供需链创新柔性指标

供需链创新柔性指标是产业链创新研究的基础，它关注的焦点是产业链上各节点之间的关系。由于供应链是生产环节和产业层次的客观存在，因此供应链创新不仅涉及技术创新（如自动化、数字化、智能化等），还涉及产业层次的提升（如从低附加值环节向高附加值环节转型）。它包括需求链创新柔性指标、供应链创新柔性指标和技术链创新柔性指标。需求链创新柔性不仅指通常所说的消费者需求链创新柔性，还指生产者需求链创新柔性，因此需求链创新柔性指标反映了消费者需求链和生产者需求链分别应对需求者和生产者需求变化时主动创新以适应需求的能力。供应链创新柔性指标是指物流链和生产要素的供应链面对供应指标变化时调整创新的能力，物流保障能力和供应生产要素能力越强，该供应链的创新柔性就越强。技术链创新柔性指标包括产品技术链创新柔性指标和服务技术链创新柔性指标，它反映技术链应对产品、服务需求变化和不确定性时调整创新产品技术和服务技术的能力，产品技术创新速度和服务迭代能力越强，技术链创新柔性就越强。

（2）企业链创新柔性指标

企业链创新柔性指标是结构创新柔性的载体和具体表现形式，是产业链如何"连点成线"进行创新的关键环节，它可以分为企业与企业、企业与消费者、企业与政府以及三者间的连接。具体来说，企业和企业之间的创新柔性体现在产业链中企业创新的协同性水平，如供应商与需求方企业的创新协同性、技术合作双方的创新水平协同性。当双方企业的创新水平协同性接近时，它们就会继续保持创新协作的持续性，此时企业链创新柔性水平就较高。企业和消费者之间的创新柔性取决于企业的创新水平与消费者需求的契合度，当企业的创新水平能够满足消费者的需求时，甚至能够引领消费者的需求时，企业链的创新柔性越强。企业与政府之间的创新柔性取决于企业的创新方向与政府决策方向的契合度，我国重点产业链的发展很大程度上需要政府的引领和支持。因此，当企业的创新方向符合国家战略时，就会获得政府更多的支持和帮助，企业链创新柔性也会相应地提升。

（3）空间链创新柔性指标

空间链创新柔性指标主要反映产业链的空间分布和集聚程度对创新柔性的影响。我国重点产业链包含众多不同产业，不同行业的特点对空间分布和集聚程度有不同的要求。例如，作为工业"粮食"、安全根本的芯片，是一个对外依赖程度很高的产业；许多重工业领域对原材料的地理位置有严格要求。此外，高新技术产业的集聚程度要求也明显高于其他制造行业，因此空间链创新柔性指标在很大程度上取决于我国重点产业链特点与空间分布和集聚程度的匹配性，空间分布和集聚程度越符合重点产业链的特点，越有利于重点产业链开展创新，空间链创新柔性就越强。

三　建立合理且高效的实施方法与机制

为确保重点产业链压力识别及测试的有效实施，必须建立一套科学高效的方法与机制。首先，应确立清晰的测试与评估流程，明确各个环节的责任主体和时间节点，确保每一步工作都能有序进行。其次，要制定科学严谨的工作计划和实施方案，包括数据收集、数据处理、压力测试、结果反馈等各个环节的具体安排，确保工作能够按照既定计划稳步推进。同时，应建立跨部门、跨领域的协调机制，推动信息共享和资源整合，避免信息孤岛和重复劳动。通过建立标准化信息共享平台，各部门和各行业可以及时获取所需信息，提高决策效率和协同能力。此外，还应加强人员培训和技术支持，强化测试评估团队业务能力和操作能力，确保测试结果的准确性和权威性。

由此，结合移动互联网的技术背景，从重点产业链特征的识别过程、技术与方法等出发,运用"大数据+AI技术"构建虚拟重点产业链模型,再利用计算仿真实验技术设置产业链主体参数并提取特征和主体间关联关系的属性特征,对重点产业链中压力识别模式、压力测试模型构建与选择、压力应对模式等决策任务进行模拟,并生成基于多种情景的重点产业链压力测试平台,通过情景构建、模拟,为应对重点产业链压力决策提供依据和指导,实现正向反馈闭环机制,保障重点产业链的安全稳定与高效运行。

在实施过程中,还应注重与实际情况的结合,灵活调整测试评估的方法、指标和权重。对于不同类型的产业链和压力类型,要采用差异化和针对性的测试策略和评估标准,确保评估结果的有效性。同时,还应定期对实施方法与机制进行定期评估与总结,及时建立问题发现与改进机制,确保测试评估体系的持续完善优化。

四 形成长效保障制度

在建立重点产业链压力识别与测试的机制后,还需要构建能够保障压力识别与测试机制稳定运行、稳固已识别的承压点和解决产业发展问题的长效机制。

第一,要建立定期的压力测试与评估制度。包括设定固定周期,如每季度或每年度进行一次全面的压力测试与评估,以确保对产业链的压力状况进行持续跟踪和监测。同时,要将测试结果及时汇总并反馈至相关部门和企业,为政府和企业决策提供科学依据。

第二,要加强与发改委等政府决策部门的沟通和对接。通过建立定期沟通机制,可以将测试结果和建议直接传递给政策制定者,确保政策制定与产业发展实际情况紧密相连。此外,还可以邀请政府、重要企业的决策者参与测试与评估过程,增加其对产业链整体压力状况和局部承压点的了解和认识。

第三,要推动测试结果的公开透明和广泛应用。通过公开发布测试报告和相关数据,可以提高公众对国家重点产业链发展状况的关注和监督。同时,鼓励企业、研究机构利用测试结果进行深入研究和分析，为产业发展提供更多有价值的决策建议和解决方案。

第四，要建立针对"承压点"的动态监测和预警机制。对于已识别的承压点，要设立专门的监测体系，及时跟踪其压力值变化并发出预警报告。同时，要制定应急预案，确保在压力事件发生时能够迅速响应并有效应对。此外，还应定期对承压点进行评估和复审，及时调整和完善防控策略。

通过建立合理且高效的实施机制和长效保障机制，可以确保重点产业链压力识别与测试的稳定运行，并为产业发展提供持续有效的支持。这将有助于提升重点产业链的韧性和稳定性，保障国家经济安全和产业健康发展。

第五章　重点产业链压力测试方法

第一节　压力测试

压力测试是一种用于评估系统在极端情况条件下性能的有效方法，它可以帮助企业和组织更好地应对复杂的挑战。极端情况可能是指系统在特定时间内的极大负载、特定时间内的极小负载、特定环境下的极大负载、特定环境下的极小负载等。通过压力测试，可以确定系统的瓶颈、评估系统的可靠性、识别潜在问题以及发现并解决系统性能相关问题。从广义来看，压力测试是一种针对软件强度的测试或负载测试，是指确定系统（一般指软件等系统）稳定性情况的一种测试方法，对软硬件环境及用户使用过程中的系统负荷进行模拟，通过大负荷或者长时间地运行测试软件，来测试被测系统或软件的稳定性、极限及隐患等。从风险管理的角度来看，压力测试是指将企业或资产组合放于某一极端情景下，如 GDP 同比增速快速下降、失业率同比快速增长、CPI 等物价指标快速下跌、房地产及股市暴跌等极端市场变化，测试其表现情况。从银行运营的视角出发，国际货币基金组织（IMF）和巴塞尔协议Ⅲ均明确指出，压力测试是一种评估流程，旨在检验商业银行在面临极端状况冲击时风险管理能力的波动状况。在中国，2014 年，银监会颁布了《商业银行压力测试指引》。该指引明确将压力测试定位为商业银行用于风险管理的手段，同时也是监管当局进行监管分析的工具。此类测试主要用于评估商业银行信贷资产组合在面临潜在极端不利状况时的承受力。通过分析测试数据，能够对银行的

产业链韧性打造：基于重点产业链压力的视角

资产质量、盈利水平以及风险承受度进行深入评价，以判定极端不利状况可能给银行带来的负面影响。银行压力测试有效地助力银保监会及各类规模、性质的商业银行进行风险承担水平的评估，确保监管机构与银行能及时采取有效策略防范潜在风险。

在全球化和复杂的市场环境中，重点产业链的稳定性和韧性对于经济发展和企业竞争力至关重要。近年来，自然灾害频发、公共卫生危机迭起、地缘政治紧张冲突，加上市场需求起伏、技术革命性进展、原材料成本波动、核心零部件供应中断等多重挑战，供应链的脆弱性愈发显著。为了应对这些挑战，系统性开展重点产业链压力测试已成为确保产业链稳健运营的重要手段。压力测试方法通过模拟不同的压力情景，评估产业链各环节在压力条件下的应对能力和恢复速度，帮助企业和利益相关方识别潜在风险和薄弱环节。在确立了重点产业链类别与压力类型的前提下，本部分进一步深入分析产业链压力测试的策略。压力测试作为一项高效的风险控制手段，在银行、信息技术及能源行业等多个领域获得了广泛的运用。将压力测试引入其他重点产业链的研究领域，有助于更全面地评估重点产业链的风险承受能力和抗压能力。

首先，重点产业链承受力的量化评估手段涵盖了固定压力测试方法与动态压力测试方法。静态压力测试方法通过施加恒定的压力，评估重点产业链在稳定状态下的承受能力，而动态压力测试方法则评估重点产业链在正常运行条件下的压力响应。前者不具备动态环境压力监测功能，后者能够量化重点产业链在不同压力条件下的性能，帮助企业及时发现并持续监测潜在风险，从而建立预案应对机制。

其次，基于韧性理论构建重点产业链自主可控压力测试方法，通过评估产业链系统在面对突发事件和压力源时的弹性和恢复能力，确保产业链的自主可控。韧性理论强调产业链系统的恢复力和适应性，通过模拟突发事件和持续性压力情景，评估节点企业的应对措施和恢复速度，帮助企业和政府完善产业风险防控机制。

最后，基于创新柔性理论构建重点产业链高端跃升压力测试方法，旨在通过技术创新和加强管理弹性提升产业链的高端跃升能力。具体而言，灵活性与创造性是创新柔性理论的核心，该理论注重采用前沿技术、先进工艺以及创新的经营策略，对产业链在应对瞬息万变的市场需求、科技进步时的适应力进行评价，旨在助力企业在竞争激烈的市场环境中保持其领先优势。

在当前复杂多变的环境中，科学有效的压力测试将成为保障产业链安全和推动可持续发展的重要工具。本节旨在概述重点产业链压力测试的必要性和重要性，并为具体的测试方法提供理论基础和实施指南。

第二节 重点产业链压力量化测试方法

经济学领域最早探讨了压力测试方法。例如，评定金融系统在"罕见但可能发生的"宏观经济冲击下的薄弱和脆弱点的一系列方法和技术，其主要目的是避免出现重大损失。又如，基于经济计量学模型，巴别里（Barbieri）等人测试了压力情景下银行的经济适应能力，这一测试结果改善了其风险管理实践。再如，马尔科（Marco）和维罗莱宁（Virolainen）两位学者确定了两种主要的宏观压力测试方法：一是资产负债表模型，探索银行脆弱性会计指标（如不良贷款和贷款损失准备金）与商业周期之间的关系；二是风险价值模型（VaR），将多种风险因素的分析结合成银行系统在任何给定压力情景下可能面临的盯市损失的概率分布。在银行业，压力测试是评估商业银行在极端市场条件下风险承受能力的一种重要方法。借助压力测试，金融机构得以洞察自身的风险承受极限，揭示并应对隐藏的流动性隐患，从而提升风险控制和流动性风险管理能力。压力测试在商业银行中的应用可以从以下几方面进行说明。①风险评估：压力测试可以帮助商业银行进行风险评估，了解自身在极端市场条件下的风险承受能力，发现和解决潜在的流动性风险，提高商业银行的风险管理水平和稳定性。②监管遵循：在多个国家和地区，金融监管当局强制要求商业银行执行压力测试，旨在衡量银行在极端状况下的风险承受能力，保障银行能有效地抵御逆境挑战。③战略规划：通过压力测试，商业银行可以了解自身在极端市场条件下的风险承受能力，从而制定更加合理的战略规划。④绩效评估：压力测试可以用来评估商业银行各部门和分支机构在极端情况下的绩效表现，以确定其工作质量和效率。中小型银行在流动性管理与风险控制中，对压力测试的运用具有多方面重要性。压力测试在中小银行中可用于风险评估、监管合规、战略规划、绩效评估等，通过压力测试，商业银行可以了解自身的风险承受能力，发现和解决潜在的流动性风险，可以有效地提高流动性风险管理水平。

此外，还有学者在风险与可靠性领域应用了压力测试方法，如 Ma 等（2022）通过压力测试来评估产品在多重压力条件作用下的平均寿命与失效率等可靠性指标，Aydin 等（2018）对地震灾害下城市交通网络的破坏程度进行了压力测试。压力测试通常使用敏感性分析方法和情景分析方法，其中敏感性分析方法假设其他因素不变，只考虑单一因素的影响；情景分析法用于评估多风险因子组合变化对承压对象的影响程度，包括历史情景分析和假设情景分析。但是，以往的压力测试侧重于对极端、罕见情况下压力的影响的预测（Ellestad，2003），较少对常态下的压力进行监测，属于静态压力测试方法。本书运用大数据、AI、计算实验与仿真的方法构建重点产业链压力测试平台，这一平台可运用人工智能技术进行自主更新迭代与参数修正，具备对重点产业链压力进行实时监测与风险预警的功能，属于动态压力测试方法。

一 静态压力测试方法

静态压力稳定性检测技术主要用于预测极端及不常见状况下的压力作用效果，而对于常规状态下的压力监控（常态工作压力范围）则显得不足。

较为典型的静态压力测试方法是敏感性分析方法（单一因素分析）。这一方法用于评估输入变量的变化对输出结果的影响。它在 Ceteris Paribus 框架下帮助决策者识别关键驱动因素，理解系统或模型的行为，并优化决策过程。在经济学、金融学、工程技术、环境研究及决策制定等多个领域，均广泛应用了敏感性分析方法。分析敏感性时，该方法专注于单一变量影响，假定其他条件保持恒定，且忽略时间滞后效应。此方法操作便捷，所需数据量较小，计算过程较为简便。以银行领域为例，在单一因素分析中，银行需要选择一些关键参数，并评估这些参数的变化对银行经营和风险承受能力的影响。这些参数可能包括贷款不良率、利率、汇率、股票价格、存款准备金率等。银行需要分析这些参数的变化对银行经营和风险承受能力的影响，并建立动态风险缓释机制来应对潜在的风险。压力测试是商业银行实施风险管理的关键手段，它可以帮助银行评估自身的风险承受能力，从而制定出有效的应对策略来防范和控制系统性风险。不同学科使用的敏感性分析方法也不尽相同。具体分析如下。

1. 名义范围敏感性分析方法

名义范围敏感性分析方法（Nominal Range Sensitivity Method）也被称为局部敏感性分析或阈值分析方法，适用于确定性模型，通常不用于概率分析。名义敏感性分析可以作为一个筛选工具，通过评估输入变量的变化对输出结果的影响，来确定哪些输入变量对模型或决策过程最为关键。由输入变量的变化导致的模型输出的差异被称为模型对该特定输入变量的敏感性。敏感性分析可以对任意数量的单个模型输入变量重复进行。其优点是相对简单、容易应用。当分析师对可以分配给每个选定输入变量的合理范围有清楚的了解时，或者模型是线性的，这一方法尤其有效。只有在输入变量之间没有显著的相互作用并且为每个输入变量指定了明确范围的情况下，这种方法的结果才能用于对关键输入变量进行排序。但是这一方法只处理输入变量可能空间的一小部分，因为输入变量之间的相互作用很难捕捉。所以对于非线性模型输出对给定输入变量的敏感性可能取决于与其他输入变量的相互作用，但这些没有被考虑。因此这一方法的结果可能会误导对非线性模型的判断。

2. 对数几率比差异（Difference in Log-Odds Ratio，ΔLOR）方法

一个事件的几率比是该事件发生的概率与不发生的概率之比。如果事件发生的概率为 P，则几率比为 $P/(1-P)$。对数几率比是一种便于重新调整概率的方法，调整后更容易理解。ΔLOR 方法用于检查输出中的变化，其计算方法为：

$$\Delta LOR = \log\left[\frac{\Pr(event \mid with\ changes\ in\ input)}{\Pr(No\ event \mid with\ changes\ in\ input)}\right] \\ - \log\left[\frac{\Pr(event \mid without\ changes)}{\Pr(No\ event \mid without\ changes)}\right]$$

如果 ΔLOR 为正数，则对一个或多个输入变量的更改将增强指定事件的概率。如果 ΔLOR 为负则输入的变化导致事件发生的概率降低或其补集（事件不发生）的概率增加。ΔLOR 的大小（幅度）越大说明输入的影响越大。这一方法的优势在于其适用于概率模型，即直接量化输入对事件概率的影响，尤其适用于以逻辑回归等输出为概率的模型，直接通过符号和大小明确输入的作用方向和强度。ΔLOR 方法具有一定的局限性，例如，其仅关注单个输入在基准点附近的局部变化，且专用于概率输出。此外，ΔLOR 方法还存在其他缺点。例如，与名义范围敏感性分析类似，ΔLOR 方法不能解释输入之间的非线性相互作用。对于非线性模型及存在相关性的输入很难确定敏感性之间差异的显著性从而可能难以对基于影响程度的关键输入进行排序。

3. 盈亏平衡分析（Break-Even Analysis）方法

这一分析方法更多的是一个概念而不是一个具体的方法。一般来说盈亏平衡分析的目的是评估决策对投入变化的稳健性。盈亏平衡分析经常用于经济目的如预算规划。盈亏平衡分析在其他几个领域也有应用，如卫生保健。Kottas 和 Lau（1978）描述了随机盈亏平衡分析的概念。Starr 和 Tapiero（1975）在考虑风险因素的情况下解释了盈亏平衡分析的使用。一个盈亏平衡分析的例子如下。考虑在两种医疗方案之间做出选择：药物治疗还是手术。患者对每种选择可能结果的评估用效用函数表示，手术成功的概率未知。图 5-1 显示了药物效用值和手术成功概率值的组合，图的左上部分表示人们对药物的偏好，图的右下部分表示人们对手术的偏好。在无差异线上人们对两种选择的偏好是相同的。如果不确定性范围较小且不包含无差异线，患者可以根据当前信息做出稳健的决策,即使不确定性存在也不会改变决策结果。反之,如果不确定性范围较大且包含无差异线,建议收集更多关于手术成功概率的信息,如通过咨询更多专家、参考更多临床数据等。

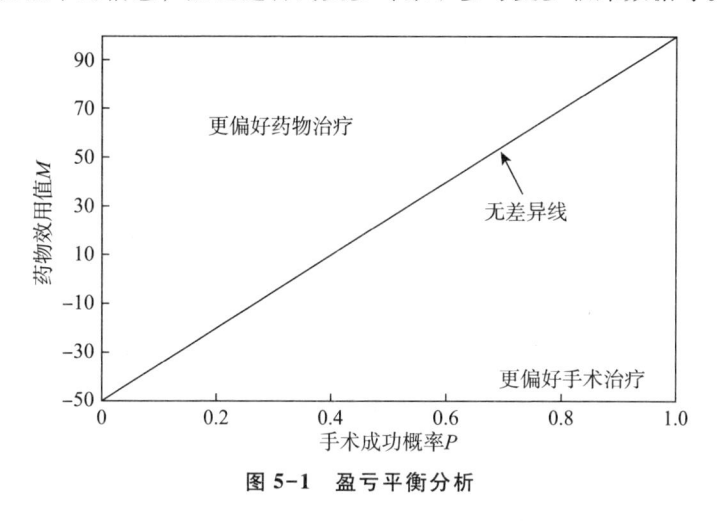

图 5-1 盈亏平衡分析

盈亏平衡点是成本与收益相等的临界点,是决策分析中的重要参考点。它可以帮助决策者判断在何种条件下,不同的决策方案会变得具有吸引力或失去吸引力。具体来说:如果某个输入变量的不确定性范围包含了盈亏平衡点,这意味着该输入变量在决策中具有重要性。在这种情况下,决策者无法明确判断哪种方案更好,因为输入变量的不确定性可能导致不同的决策结果。反之,如果不包含盈亏平衡点,这意味着该输入变量对决策的影响较小,决策者可以对决策结果有较高的置信度。在这种情况下,即使存在不确定性,也不会改变决策结果,因此可以做出稳健的决策。然而,盈亏平衡分析有其局限性。第一,随着敏感输入变量数量的增加,盈亏平衡分析的应用变得越来越复杂。这是因为多个变量的不确定性相互作用,使得确定盈亏平衡点变得更加困难。第二,其缺乏明确的排序方法来区分不同敏感输入变量的相对重要性。

4. 自动微分技术(Automatic Differentiation Technique)方法

自动微分技术方法是一种计算大型模型局部敏感性的自动化方法。利用此技术时,计算机代码自动计算输出相对于输入的微小变化的一阶偏导数。偏导数的值用于对局部敏感性的度量。大多数基于微分的敏感性分析方法如数值微分方法存在以下一个或多个局限性：结果不准确；人力和时间成本高；数学公式和计算机程序实现困难。为了克服这些局限性，人们开发了自动微分技术。自动微分技术由预编译器实现，预编译器分析复杂模型的代码然后以有效的方式添加计算一阶或高阶导数所需的指令，以节省计算时间并降低复杂性；然后用标准编译器编译得到扩展代码，这样代码就可以计算模型输出和派生中使用的函数值。自动微分技术在模型参数空间的一个或多个选定点处进行局部敏感性分析，计算模型输出相对于指定输入参数的偏导数。这一方法的优势在于：自动微分技术如 ADIFOR 可以在不具备模型算法详细知识的情况下应用。一旦添加了主代码 ADIFOR 就会自动执行所有操作。自动微分技术优于导数的有限差分近似，因为计算出的导数数值更精确，计算量也显著降低。Hwang 等人（1997）观察到，与使用传统方法相比，使用自动微分技术进行敏感性分析可节省 57% 的 CPU 时间。如果模型是不断修改的，那么 ADIFOR 提供了一个方便的工具，可以很容易地适应必要的模型更改，而其他技术很难做到这一点。但是这一方法也存在很多局限性：自动微分技术的可用性可能限于特定的计算机语言，例如，在 ADIFOR 情况下使用 FORTRAN，要求用户为模型提供 FORTRAN 代码。此外，敏感性结果的精度受自动微分软件内部数据处理方法（如四舍五入）的影响。对于非线性模型，也很难确定输入之间敏感性差异的显著性，这使得关键输入的排序可能变得困难。如果局部不能求偏导数，则不能使用此方法。

在实践中，重点产业链的压力来源、压力类型等因素往往相互关联、相互作用；在动态演进过程中，单一因素分析的结果对重点产业链压力管理的实践意义存在局限性。如果在压力测试中只考虑单一因素，就会导致：压力识别不准确，压力测试结果不准确，压力治理效果较差。

二 常态压力（亦称动态压力）测试方法

动态压力测试方法应具备实时监测及预警的功能，可以运用人工智能技术进行自动更新、迭代和修正。

目前较为典型的常态压力测试方法是情景分析法（多因素分析）。情景分析法用于评估多风险因子组合变化对承压对象的影响程度，这一方法通常需要构建风险因子与评估指标之间的传导关系模型，从而更好地揭示压力情景下承压主体的抗风险能力。例如，Michel Base 和 Eric Schaanning（2023）提出了一种系统的算法——反向压力测试方法（Reverse Stress Testing），通过计算不良投资组合清算产生的损失，为监管压力测试创建"最坏情况"情景。金融机构在评估宏观经济波动影响时，已将情景分析这一策略视为关键的风险防控工具。该文本的核心词包括风险因素、投资组合、金融机构、金融系统、冲击、金融危机、房价下跌、汇率贬值、GDP下降、银行贷款违约率，等等。以下是根据这些核心词重写后的文本：具体来说，这是一种基于假设的方法，用于评估特定情景对银行经营和风险承受能力的影响。这些情景可能包括经济衰退、市场波动、自然灾害、政治不稳定等。银行需要分析这些场景对信贷违约率、利率风险、汇率波动的影响，从而了解其承担风险的能力，并采取相应的措施如调整风险备用金、优化资产配置等来应对潜在的风险。在情景分析方法中，银行需要构建各种可能的压力情景，以评估其对资产负债表、利润表和现金流量表的影响。

情景规划（或情景学习）已被证明是一种高度系统性的方法。它是用于想象可能的未来，在其中可能做出决策并能有效提出"假设"问题以探索不确定性后果的有力工具。通过处理完全不同的未来情景，分析重点从试图估计最有可能发生的事情转向不同情景下的潜在影响和最适当的反应。情景通常具有两大核心功能：一种是风险管理，其中情景使战略和决策能够针对可能的未来进行测试，另一种是创新驱动，旨在激发新理念。情景和情景分析适用于兼具可预测性与高度不确定性的中长期战略研究领域。

情景分析又可以分为历史情景分析和假设情景分析。历史情景分析是指利用已发生的事件（如某种类型的产业链压力）评估其对现在的产业链产生的影响。这种方法有以下优点。①具有客观性。利用历史事件及其实际风险因子波动情形在建立结构化的风险值计算上较有说服力,且风险因子间的相关变化情形也可以以历史数据为依据,减少假设的情形。②具有直观性。决策者在设定风险限额时可依据历史事件的意义来进行评估,使决策更具说服力。尽管昔日的状况未必在将来重现,然而,借助历史情景分析对重点产业链实施压力调控,至少能够确保过去发生的压力事件在预先的防范措施下,不至于在未来重演。采纳历史情景分析方法,常规做法是参照历史极端事故的具体数据,以此确定风险要素的数值。挑选恰当的历史背景实为一大挑战,因为少有压力事件的成因与演变过程完全一致的案例。尽管如此,在执行压力测试的过程中,广泛运用历史情景分析方法是必要的,因为历史情景中的实际数据可以为未来的压力应对提供参考和验证的基础。然而,历史情景分析的不足之处在于当前产业链的环境变化极为迅速。例如,随着国际劳动分工的加深、国家利益分配结构的调整以及某些发达国家逆全球化趋势的扩散,全球价值链正面临新一轮大规模重构,其中由发达国家主导的价值链格局正逐步转变。此外,许多产品也在更新迭代。历史事件无法涵盖此类环境变动和产品创新,因此无法单独运用该分析方法进行评估。

当历史情景与压力测试中的特定压力因子不相匹配,或需要测试压力因子的新组合时,可自行设计压力测试指标,主要方法见表5-1。

表5-1 压力测试指标设计方法

假设情景分析	具体方法
非系统假设情景设定	最糟情景法:估计可能最糟情景下的最大损失
	忽略次要因子:选取出主要产生影响的风险因子
	主观情景设定:根据专家经验设定极端的可能变动大小
系统假设情景设定	该方法利用条件概率概念,首先选定主要风险因子的变动情况;然后,根据各风险因子之间的相关系数大小,决定其他风险因子的变动情况。基于以上分析,设定出基于历史相关系数的情景。
	极值理论法:针对极端值及概率分布加以分析
	蒙特卡洛模拟法:先设定压力损失的门阀然后再研究在什么样的情景下会导致损失超过这个门阀

三 压力测试模型

(一) Wilson 压力测试模型

Wilson 压力测试模型（Wilson Stress-Test Model）通常是指在经济和金融领域应用的一种用于评估银行或金融机构在不同经济情景下的风险和稳健性的压力测试模型。它通过模拟经济环境的变化来预测金融机构在这些变化下的表现。Wilson 建议采用转换手段，把贷款违约率演变为一个中介变量，随后借助宏观经济要素对该变量实施回归分析，进而揭示了违约率与宏观经济因素间的相互联系。

1. 模型的构成

Wilson 压力测试模型主要由三大部分构成。

①经济情景的模拟构建，涉及对多样经济环境的设定，这些环境涵盖了一系列关键的宏观经济指标，如国内生产总值增长率、就业率、基准利率以及通货膨胀率等。情景中也通常包括基准情景（表示最可能发生的情况）和若干个不利情景（表示经济恶化的情况）。

②风险因子。在这些情景中，模型确定与信用风险和市场风险相关的关键风险因子。风险因子涵盖信贷违约的比例、资产价值的波动以及市场利率的变动（把经济形势转化为特定领域的预期违约概率，进而与联合预期违约概率及评级迁移相联结）。

③资产负债表评估。模型评估金融机构的资产负债表，特别是贷款组合的质量和市场风险敞口（得出信贷组合的损失分布）。通过这些评估，模型可以预测在不同经济情景下资产的损失和负债的变化。

2. Wilson 压力测试模型的优点

这一模型的优点如下。综合性：模型考虑了多种经济情景和风险因子，能够全面评估金融机构的风险。前瞻性：通过模拟未来可能的经济变化，帮助金融机构提前识别和应对潜在风险。决策支持：提供详细的风险评估数据，支持管理层制定风险管理和资本规划决策。

3. Wilson 压力测试模型的局限

这一模型也存在显著的局限，具体如下。情景假设依赖性：模型结果高度依赖情景假设的准确性。如果情景假设不合理，结果可能失真。数据要求高：需要大量高质量的经济和金融数据，以确保模型的准确性。复杂性：模型涉及复杂的数学和统计方法，可能需要专业知识和计算工具的支持。另外，该模型忽视了宏观经济变量的滞后效应。

（二）Merton 压力测试模型

Merton 压力测试模型（Merton Stress-Test Model）是基于 Robert C. Merton 的资产定价理论和信用风险模型的压力测试方法。Merton 压力测试模型最初用于估计公司的违约概率，后来扩展应用到压力测试领域，用于在不同经济情景下考虑宏观经济对股价的影响；同时在相应期权定价模型中增加了资产价格变动比率的影响，并将该期权定价模型延伸到信用风险度量领域：在假设公司资产的市场价值是一个服从正态分布的随时间变化的随机变量的前提下，认为当公司资产的市场价值低于其负债总额时公司会违约且违约风险是公司资产负债差值，其函数表示为：

$$PD = N(DD)$$

式中 PD 表示违约概率。DD 为违约距离，即经标准化的评级主体资产与负债差值的标准化值，其中 $N(X)$ 表示标准正态分布累积函数。当宏观经济受到冲击时违约距离 DD 将会减小，违约率就会变大。

在压力测试模型研究方面，徐明东、刘晓星（2008）在比较多个信用风险模型的基础上深入研究了宏观压力测试的理论模型，并对目前主要的宏观压力测试系统包括 FSAP、奥地利央行的 SRM 以及英格兰银行的 TD 系统进行了比较研究。华晓龙（2009）运用 Logit 变换，将贷款违约率与宏观经济指标建立直接关联关系并构建回归模型，以此来衡量我国商业银行所承受的信贷风险状况。

综上所述，本书除了需要在动态压力测试基础上探讨不同压力类型的压力测试方法外，还需要分析具体的测试指标和测试模型体系。具体来说，在接下来的部分，本章将基于动态压力测试模型，以韧性理论和创新弹性理论为基础，以压力类型划分为依据，以主体维度与结构维度为方向，开展重点产业链压力测试的方法探讨与模型构建。

第三节 基于不同压力类型的重点产业链压力测试模型及方法

产业链涵盖特定区域内的产业部门，涉及同行业或跨行业具备竞争力的企业及相关实体，它们以产品为核心，依托逻辑关系和时空联系，构建起价值增值的网状战略联合体。重点产业链则是围绕我国经济社会发展需要和国家重大战略需求，整合资源，实现率先突破的重点领域。

我国的传统基础产业链构成了国民经济发展的重要支柱，满足了民众生活的基本需求。同时，在高新技术驱动下，形成了创新型产业链，这些产业集群关乎国家经济社会进步及产业结构的整体提升。推动新兴产业的成长与推动传统产业转型升级，对于我国打造以实体产业为基础的现代产业体系，确保区域经济稳定增长起着关键作用。

传统基础产业链虽然在国民经济中占有重要的支柱地位，然而随着全球竞争的加剧和产业升级的需求，这些产业链显现出"大而不强"的问题；战略性新兴产业链虽然代表了经济发展的未来方向，但是，由于这些产业链某些环节的主动权掌握在外国生产商手中，这些产业链也出现了"新而不稳"的风险。因此，与传统基础产业链"大而不强"问题和战略性新兴产业链"新而不稳"的问题相对应，重点产业链压力可以划分为高端跃升压力和自主可控压力两大类。

在明确了重点产业链分类和压力分类的基础上，还应进一步探讨产业链压力测试方法。压力测试作为一种高效的风险防控手段，已在银行、信息技术及能源产业等关键领域广泛采用。将压力测试引入其他重点产业链的管理实践，有助于更全面地评估重点产业链的风险承受能力和抵御能力。

在进行压力测试时有如下三点要求。第一，构建科学的压力测试模型是确保测试可行性的关键。此模型需涵盖压力成因探究、评估标

产业链韧性打造：基于重点产业链压力的视角

准的制定、评估方案制定等多个步骤，目的是保障评价结果的公正性与精确度。为增强测试效率，须依据产业链的复杂性和压力种类拟定特定的测试策略。第二，丰富的数据来源和高质量的数据处理是确保测试可行性的重要基础。通过政府部门、行业协会、企业年报等渠道获取全面、准确的数据，可以为压力测试提供有力的数据支撑。第三，选择合适的测试方法和模型是实现测试可行性的重要途径。依据产业链特性及压力种类，可选取情景分析法、历史模拟法、蒙特卡洛模拟法等方法，以执行压力测试。这些方法能够模拟产业链在各类压力环境中的运行状况，从而精确衡量其风险程度及抗压能力。

一 重点产业链自主可控压力测试方法：基于韧性理论

自主可控压力存在于战略性新兴产业链中，主要体现在核心技术掌控度、关键零部件供应稳定性和产业生态结构完整度等方面。实现产业链自主可控，是保障国家经济安全及发展主导权的核心所在。深度剖析不同行业自主可控能力的极限，能更明确地揭示新兴领域所遭遇的风险与考验。这为增强创新研发力度、完善供应链体系、优化产业生态等奠定了坚实基础，同时，也助力提高新兴产业的自主可控能力，确保国家经济安全与利益得以维护。

自主可控能力本质上是重点产业链面临"卡脖子"风险等外部冲击时仍然能够稳定运行的能力，这与产业链的韧性息息相关。因为韧性反映了重点产业链受到外部冲击时抵抗产业链断裂风险的能力。本书选取主体韧性（Subject Resilience）和结构韧性（Structural Resilience）作为重点产业链自主可控压力的测试指标并基于韧性理论构建了产业链自主可控能力的评价指标体系。

基于韧性理论可以构建压力测试的四个核心测量指标即脆弱性、抵抗性、适应性和恢复性。这四个指标不仅涵盖了产业链在应对压力时的全过程，而且互为补充，共同构成了一个全面的评估体系。其一，脆弱性衡量的是产业链在面对压力时可能受到的损害程度，主要关注产业链中的薄弱环节和潜在风险点，如供应链的不稳定、技术创新的滞后等。通过评估脆弱性，可以识别出产业链中需要重点关注和加强的环节。其二，抵抗性反映的是产业链在面对压力时的直接应对能力，包括产业链中的资源储备、技术实力、市场地位等要素。一个具有高抵抗性的产业链能够在压力来临时保持相对稳定，减少损失。其三，适应性关注的是产业链在压力环境下进行调整和转型的能力，涉及产业链中的创新机制、学习能力、战略灵活性等。一个具有高适应性的产业链能够迅速适应新的市场环境和技术变革，把握新发展机遇。其四，恢复性衡量的是产业链在承受压力后恢复到正常状态的速度和效能。这主要依赖于产业链中的修复机制、重建能力和外部支持等因素。一个具有高恢复性的产业链能够在压力过后迅速恢复生产和服务，减少长期负向影响。

在进行重点产业链压力测试时可以根据上述四个指标设计相应的测试场景和评估标准。例如，可以设定不同的压力情景，如市场需求下降、技术突破、原材料价格波动、关键零部件断供等，然后观察分析重点产业链在这些情景下的表现，评估其脆弱性、抵抗性、适应性和恢复性。这种基于韧性理论的压力测试方法不仅能够帮助政府更全面地了解产业链的风险状况和抵抗能力，还能够提供更具针对性的风险应对策略和建议。同时，这种方法也有助于提升产业链的整体韧性和稳定性，保障国家经济安全和重点产业的"持续健康发展"。综合前文分析，总结基于韧性理论的重点产业链自主可控压力测试方法步骤如图 5-2 所示。

1. 确定压力测试目标和范围

在进行压力测试之前，需要明确测试的目的和范围，这包括测试的环境、模型、负载及持续时间等。只有明确了测试目的和范围，才能保证测试结果的准确性和有效性。接下来的分析以"预防目的"的压力测试为例。

2. 设计测试情景与确定数据（选择测试方法）

在情景模拟时，可以选择历史情景模拟、假设情景模拟以及情景矩阵。测试者可以根据具体的压力测试目的和对象选择方法，同时需要

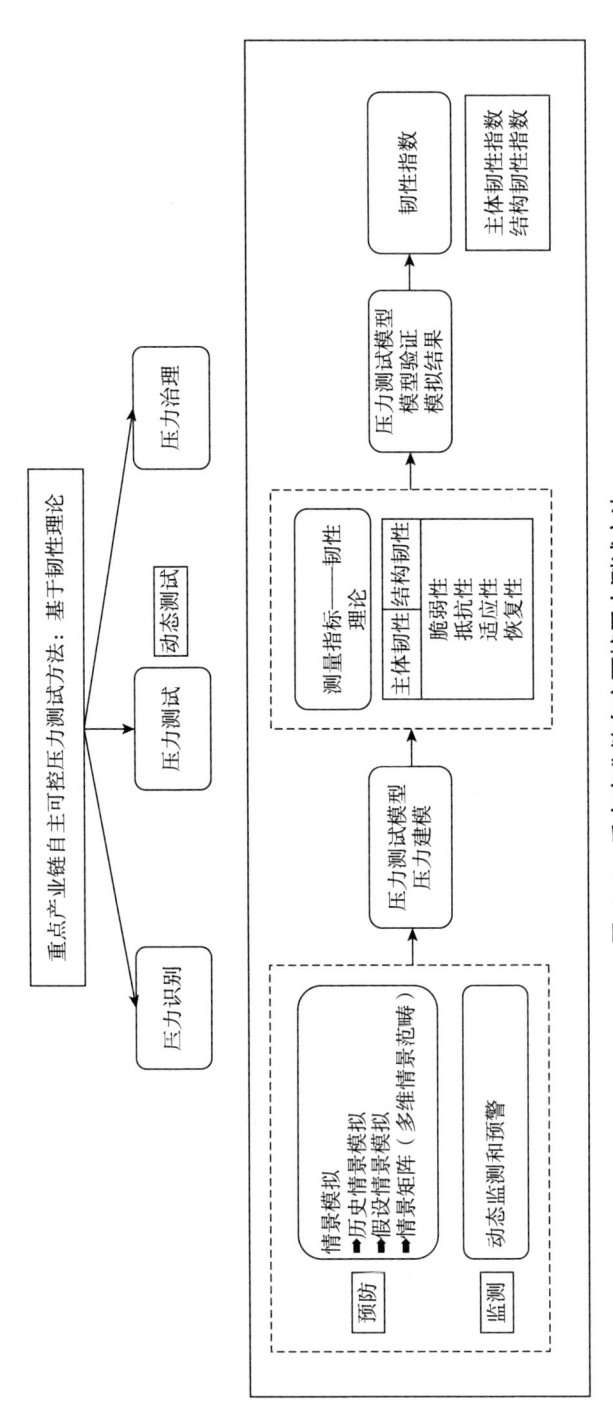

图 5-2 重点产业链自主可控压力测试方法

根据测试目的和范围设计出相应的测试场景和数据。测试场景需模拟真实压力类型与负载，并通过多参数组合反复验证。而测试数据则是在测试场景下所使用的数据集合，包括测试用例、测试脚本等。

3. 配置测试环境和构建压力测试模型

测试环境是进行压力测试的基础。通常需要配置一些硬件设备、软件系统和测试工具来完成测试任务。涵盖服务器、网络设施、数据库系统、操作平台及测试软件等硬件与软件基础架构。同时，还需要对测试环境进行调试、配置和优化，以确保测试环境的稳定性和准确性。为确保模型准确可靠，在正式评估前，以指定的测量标准为依据，构建科学高效的压力测试模型，并采用历史数据进行检验，以验证模型的准确性和可靠性。模型设定如下：

以脆弱性指标为例，首先需要构建以脆弱性为指标的测试模型，其中包括重点产业链主体脆弱性和结构脆弱性，分别给予不同权重构建模型：

$$主体脆弱性：MV_{it} = \partial_0 + \partial_1 产业链规模_{it} + \partial_2 产业链关联度_{it} + e_{it}$$

$$结构脆弱性：SV_{it} = \delta_0 + \delta_1 地理因素_{it} + e_{it}$$

其中 M 和 V 分别代表主体和脆弱性，S 代表结构。完成四项基础指标建模后，可搭建包含主体的压力测试模型，即主体韧性指数和结构韧性指数：

$$主体韧性指数：MT_{it} = \beta_0 + \beta_1 脆弱性_{it} + \beta_2 抵抗性_{it} + \beta_3 适应性_{it} + \beta_4 恢复性_{it} + e_{it}$$

$$结构韧性指数：ST_{it} = \beta_0 + \beta_1 脆弱性_{it} + \beta_2 抵抗性_{it} + \beta_3 适应性_{it} + \beta_4 恢复性_{it} + e_{it}$$

该模型需通过蒙特卡洛模拟法等方法进行验证校准，其参数间存在非线性关联特性，实际应用需引入动态调节机制。

4. 正式测试并收集数据

在测试环境和模型验证完毕后，开始正式的压力测试。通过模拟压力场景来模拟压力影响，并且监控系统的性能指标和响应时间、资源利用率等数据。在实验阶段，必须不断更换实验环境和数据，进行反复验证，同时详尽地记载实验数据及成效。

5. 分析测试数据和结果

最后对实验数据及其成效进行详尽的解析与评判。经过对实验数据的细致剖析，对得出的实验成果进行汇总与整合，进而推算出重点产业链的核心弹性指标与构造弹性指标（如供需弹性系数、价格传导弹性等），也包括整体弹性数值，从而有针对性地开展压力管理活动。

二 重点产业链高端跃升压力测试方法：基于创新柔性理论

传统基础产业链在国民经济中占据着举足轻重的地位，是经济增长的基石和动力源泉。然而在全球竞技场域和技术革新的浪潮中，这些产业链面临着前所未有的高端跃升挑战，主要体现在技术创新、产品质量提升、产业结构优化、降本、增效和绿色化、可持续化改造等方面。通过深入分析不同产业的高端跃升转型压力点，可以更准确地把握传统基础产业发展中的问题和不足，也可以助力传统产业激发创新活力，推动其向高端化、智能化、绿色化、可持续化的方向转型升级。

重点产业链高端跃升能力主要表现为重点产业链由劳动密集、低附加值转向技术知识密集型和高附加值产业链的能力，与产业链的创新力息息相关，因为创新力反映了主体通过整合各资源要素实现产品、服务向高附加值方向转化的能力。因此，本研究选取主体创新柔性和结构创新柔性作为重点产业链高端跃升压力的测试指标，并基于创新柔性理论构建了高端跃升压力的测试指标体系。

（一）创新柔性理论概念

"创新柔性理论"是一种将创新与柔性（灵活性）结合起来的理论，是关于如何在快速变化和高度不确定的环境中通过灵活的创新策略和管理方法提升组织或产业链的适应能力和竞争力的理论框架。该理念的核心目标在于协助企业及组织在变动剧烈和难以预测的环境中维系其竞争力与适应力。此理论着重于创新期内的适应力，旨在应对外部环境的波动、技术发展的跃进及市场需求的演变，维系创新的连贯性与实效性,借此在竞争激烈的市场中赢得领先地位。在此,创新意味着推出新颖的商品、服务、技术或商业策略,旨在迎合市场所需或开辟潜在的市场空间。创新可以是渐进式的(改进现有产品或流程)或突破性的(引入全新概念或技术)。柔性是指组织在面对变化时的适应能力和应变能力。柔性涵盖了策略适应性、机构灵活性、流程可变性和技术柔韧性等众多维度。在应对高度复杂挑战的重点产业链发展过程中,适应性的创新能力显得格外关键。得益于其调整的灵活性与对市场波动、不确定因素的敏捷反应,重点产业链得以有效适应环境变化、抵御风险,从而维持其市场竞争力和推动可持续发展。

(二) 基于创新柔性理论压力测试核心指标

基于创新柔性理论(Innovation Flexibility Theory)可以构建压力测试的六个核心测量指标:多样性、敏捷性、灵活性、协同性、有效性、持续性。这六个指标不仅涵盖了产业链在应对压力时的全过程,而且相互补充,共同构成一个全面的评估体系。

1. 多样性

多样性关注的是产业链在面对高端化转型压力时的应对能力即产业链中创新资源的多样性,这一指标主要关注资源多样性、项目多样性、投资多样性、创新方法多样性等。例如,投资的多样性指在创新项目上进行多样化投资,避免将所有资源投入单一项目中,通过多元化创新组合分散风险并增加成功的可能性。创新方法多样性指采用迭代开发方法,通过不断试验、反馈和改进逐步完善创新成果。此外,还可以关注技术创新、产品创新(创新速度、成本以及效率)等。通过评估多样性可以识别出产业链中的创新薄弱点,并有针对性地加强和弥补。

2. 敏捷性

敏捷性衡量的是产业链在面对突发事件或快速变化时的反应速度和处理能力。例如,评估产业链在面对压力时的响应时间:从市场需求变化到产业链调整的反应时间,包括从订单到交付的周期、应对突发事件(如供应链中断、市场突变等)的反应时间等。

3. 灵活性

灵活性是指产业链在应对市场变化、需求波动和技术进步时的调整和适应能力,强调快速响应和灵活调整。例如,衡量产业链在保持产品多样化和定制化方面的能力,可以通过新产品推出的速度和频率、产品组合的多样性来进行评估。

4. 协同性

协同性衡量产业链内外部各环节和合作伙伴之间的协作效率和效果。例如,对内评估产业链各部门之间的合作效率,包括信息共享的及时性、跨部门项目的协同效果;对外衡量产业链与外部合作伙伴(如供应商、客户、研发机构以及其他利益相关者)合作的广度和深度,包括合作项目的数量和成功率、供应链整合的效果。

5. 有效性

有效性关注的是在产业链面对压力时,其创新手段可以实现预期的改善效果和绩效提升的能力。这涉及压力环境下创新活动的策划、执行与评价环节,旨在确保创新策略切实创造效益,增强产业链的综合竞争力及可持续发展潜力。

6. 持续性

持续性衡量产业链面对压力时持续创新的能力,即产业链在压力背景下能够持续进行创新活动,保持竞争力和活力的能力。这种持续性不仅要求单次的创新成功,更要求具备机制和文化,能够不断产生新的创新,推动产业链的长期发展。例如,产业链可以在面临压力时保证持续的资源投入。

在进行重点产业链压力测试时,可以根据上述六个指标设计相应的测试场景和评估标准。例如,可以设定不同的压力情景,如技术更新换代、创新投入不足、创新体系不完善、原材料成本上涨、人工成本上涨、物流成本上涨等,然后通过模拟实验观察重点产业链在这些情景下的表现,评估其多样性、敏捷性、灵活性、协同性、有效性和持续性。这种基于创新柔性理论(Innovation Flexibility Theory)的压力测试方法不仅能够帮助政府更全面地了解产业链的风险状况和抗压能力，还能够提供更具针对性的风险应对策略和建议。同时，这种方法也有助于提升产业链的整体创新能力，根据"十四五"规划纲要的要求保障国家经济安全和各大产业的健康持续发展。

（三）重点产业链高端跃升压力测试步骤

基于创新柔性理论的重点产业链高端跃升压力测试方法如图5-3所示。

1. 确定压力测试目标和范围

在进行压力测试之前，需要明确测试的目的和范围，包括测试环境、测试模型、测试负载和测试持续时间等要素。只有明确了测试目的和范围，才能保证测试结果的准确性和有效性。接下来以"预防目的"的压力测试为例。

2. 选择测试方法（即设计测试情景和确定数据）

在情景模拟时，可以选择历史情景模拟、假设情景模拟和情景矩阵。测试者可以根据具体的压力测试目的和对象选择方法，需要根据测试目的和范围设计出相应的测试场景和数据。测试场景是指在测试环境下模拟出真实的压力类型和负载，并通过不同参数组合开展反复测试。而测试数据则是在测试场景下所使用的数据集合，包括测试用例、测试脚本等。

3. 配置测试环境和构建压力测试模型

测试环境是进行压力测试的基础。通常需要配置硬件设备、软件系统及测试工具以完成测试任务。包含诸多要素，如服务器、网络设施、数据库、操作系统以及多样化的测试工具等，涵盖了硬件与软件的广泛范畴。同时，还需要对测试环境进行调试、配置和优化，以确保测试环境的稳定性和准确性。为确保模型效能，遵循上述测量标准，构建科学高效的压力测试模型，在正式评估前需要进行模型验证，如利用历史数据进行试验，以验证模型的准确可靠。模型设定如下：

以多样性指标为例，首先需要构建以多样性为指标的测试模型。该模型包含重点产业链主体多样性和结构多样性，分别赋予其不同权重并构建模型，具体分为资源多样性、项目多样性、投资多样性、创新方法多样性。

$$主体多样性：MD_{it}$$
$$=\partial_0+\partial_1 资源多样性_{it}+\partial_2 项目多样性_{it}+\partial_2 投资多样性_{it}$$
$$+\partial_2 创新方法多样性_{it}+e_{it}$$

$$结构多样性：SD_{it}$$
$$=\delta_0+\delta_1 产业链链条长度_{it}\delta_0+\delta_1 产业链链条宽度_{it}\delta_0+\delta_1 企业主体数量_{it}$$
$$\delta_0+\delta_1 企业主体种类_{it}\delta_0+\delta_1 产业链链条种类_{it}+e_{it}$$

其中 M 代表主体多样性，S 代表结构多样性。完成六项核心指标的模型构建后，可构建总体压力测试模型，即主体创新柔性指数和结构创新柔性指数：

$$主体创新柔性指数：MIF_{it}=\beta_0+\beta_1 多样性_{it}+\beta_2 敏捷性_{it}+\beta_3 灵活性_{it}+\beta_4 协同性_{it}+$$
$$\beta_4 有效性_{it}+\beta_4 持续性_{it}+e_{it}$$

$$结构创新柔性指数：MT_{it}=\beta_0+\beta_1 多样性_{it}+\beta_2 敏捷性_{it}+\beta_3 灵活性_{it}+\beta_4 协同性_{it}+$$
$$\beta_4 有效性_{it}+\beta_4 持续性_{it}+e_{it}$$

上述模型需要在正式测试之前进行验证并不断修改，其运行机制并不总是线性的（线性特征仅存在于理想化假设条件下），实际应用中将更加复杂（与韧性经济分析框架存在相似特性）。

4. 正式测试并收集数据

在测试环境和模型验证完毕后，开始正式的压力测试。通过仿真压力情景来模拟压力影响，并且收集监控系统的性能指标和响应时间等数据。在实验阶段，需持续调整实验环境和变量，进行反复验证，同时详细记录实验数据与效果。

5. 分析测试数据和结果

最后对实验数据及其成效进行详尽的解析与评价。通过对实验数据进行详尽剖析，进而对结果进行汇总与提炼，探究重点产业链的关键创新适应性指标与构建创新适应性指标，并计算出整体创新适应性水平，从而有的放矢地开展"压力管理"。

第五章 重点产业链压力测试方法

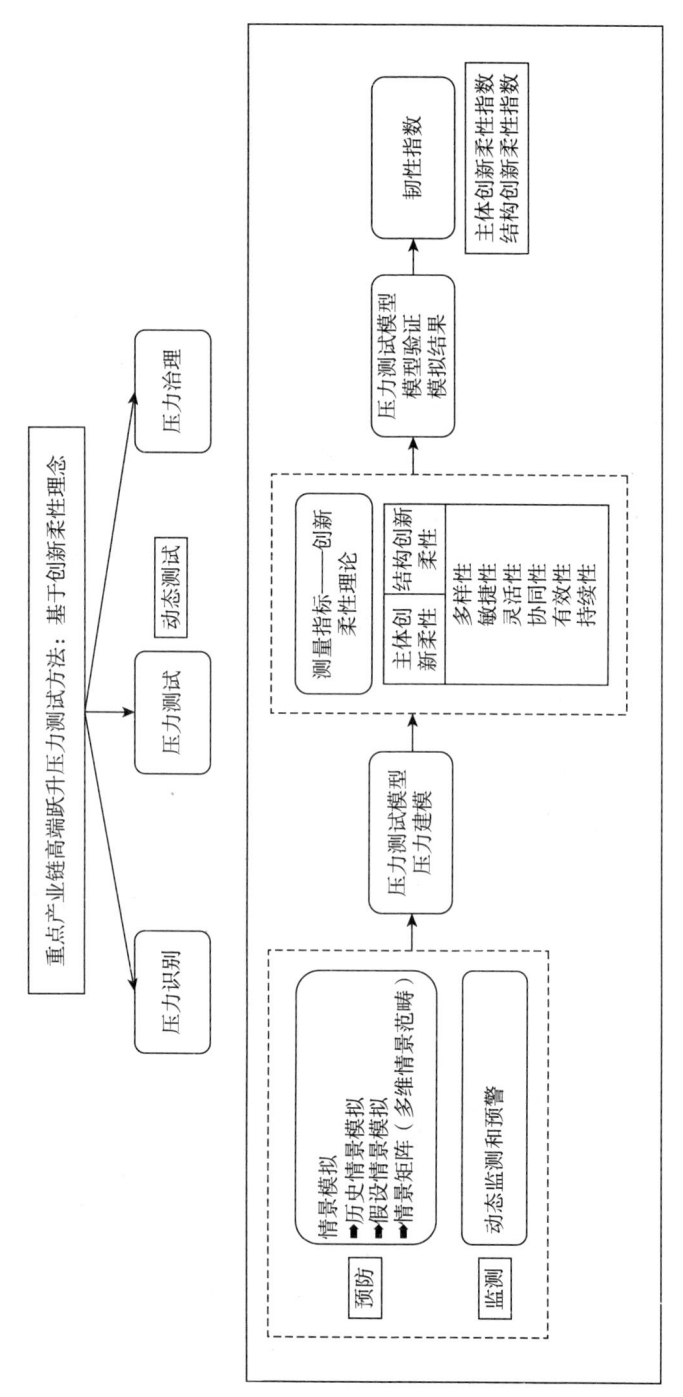

图 5-3 重点产业链高端跃升压力测试方法

第四节 新一代信息技术环境下重点产业链压力测试方法

一 数据驱动的实时监测和分析

数据驱动的实时监测和分析是一种利用先进的数据技术对重点产业链进行全面、实时监控的方法。它通过数据采集、处理和分析，提供基于数据分析的精准风险识别和预警，帮助企业和政府在面对不确定性和突发事件时做出科学高效的决策。主要包括以下内容。

1. 通过物联网设备和大数据平台进行数据采集

具体来说，利用传感器、RFID 标签等物联网设备，实时采集生产设备、运输工具、仓储环境等数据。例如，监测生产线的运行状态、库存水平、运输车辆的位置信息和温湿度等参数。此外，整合产业链上下游各环节的数据，包括原材料供应商、制造商、分销商和零售商的数据，形成一个完整的数据链条。

2. 通过云计算平台和区块链技术实现数据传输和存储

云计算技术具备处理及保存巨量信息的能力，并能提供强大的算力以支撑实时数据分析，进而促进大规模数据的迅速传输与存储，保障信息的即时更新与持续可用。此外，区块链技术可以记录和共享数据（符合《网络安全法》的要求），防止数据篡改和信息泄露，提高数据的可信度。

3. 通过人工智能和机器学习进行数据分析和处理

例如，可以通过算法模型，识别潜在的风险和异常情况，提供决策支持。此外，在压力测试过程中，可以有效利用人工智能和机器学习模拟、验证压力模型，使模型能够更精准地捕捉压力测试的测量指标，进而生成高效、准确的压力测试模型。

4. 通过阈值设定或者自动化预警建立压力管理的动态预警系统

例如，可以根据历史数据和经验，设定各类关键指标的阈值。当某一指标超过阈值时，系统自动发出预警信号。另外，系统实现自动分析数据变化趋势，判断潜在风险，并通过短信、邮件、应用程序通知等方式，及时向相关人员发出预警信息。

在新一代信息技术环境下，数据驱动的实时监测方法为重点产业链压力测试提供了强有力的技术支持。借助实时采集、传送、监测预测机制，市场主体与政府部门得以高效地辨识并应对潜在风险，从而精细化产业链的管控，提升抗风险能力。

二 多情景模拟

新一代信息技术环境下重点产业链的压力测试可以利用移动互联网技术和大数据分析，对多维市场环境变量进行详细模拟，从而识别潜在的风险和问题，并制定相应的应对策略。

在情景设定时，首先明确重点产业链的压力类型和测量指标，设计多种可能的变化情景，如市场需求激增或骤降、供应链中断、技术革新、政策变化（需符合国家现行法律法规及产业政策导向要求）等。然后定义情景参数：为每个情景设定具体的参数和条件，如需求增长率、供应链中断时间（单位：周/月）、技术更新速度等。梳理流程，借助大规模数据平台，汇总并融合重点产业链不同阶段的信息资源，涵盖过往记录、实时数据以及前瞻性预测资料。在情景设定好的基础上构建仿真模型：基于收集到的数据和设定的情景参数，构建重点产业链压力测试的仿真模型，模拟各环节在不同情景下的运行情况。此外，还可以借助机器学习、人工智能和系统动力学等分析工具，对仿真模型进行多维度分析，评估不同情景下的重点产业链压力测试表现。最后根据模拟结果，制定针对不同情景的风险应对方案，如调整供应链策略、优化库存管理、加大技术研发投入等。

相比于传统互联网环境，移动网络平台中的多情景模拟在获取及更新数据的即时性、处理与分析信息的智能化水平、模拟情景的多样性与适应力、决策辅助的精确性与时效性，以及成本效益与执行效率提升上，展现出明显的竞争优势。这些优势使得多情景模拟能够更好地应对快速变化和不确定性增加的市场环境，为重点产业链的压力测试和风险管理提供了强有力的技术支持和决策依据。

多情景模拟通过设计和模拟多种可能的变化情景，评估重点产业链在不同情景下的反应和应对能力，帮助企业和政府识别潜在风险，优化应对策略。在移动网络时代，依托海量数据、网络连接与智能算法等前沿科技，多情景模拟能够输出更周全、更精确的压力测试数据，从而为产业生态的稳健运作及可持续发展提供坚实保障。

三 集成化和可视化的压力测试平台

结合移动互联网技术可以为重点产业链的压力测试建立集成化和可视化的压力测试平台。其中集成化压力测试平台是在一个统一的系统中整合各种数据源、分析工具和管理功能，实现对产业链各环节压力测试的集中管理和调度。通过集成化的压力测试平台，重点产业链的压力测试可以实现统一的数据管理，即整合多源数据（生产数据、库存数据、物流数据、市场需求数据），实现数据的统一采集、存储和管理；还可以实现多功能集成：集成多种分析工具和模型（如机器学习模型、系统动力学模型等），实现多维度、多层次的压力测试和分析；此外，还可以实现实时监控与预警：通过实时数据采集和分析，建立实时监控系统，对异常情况进行及时预警和处理。通过集成化的压力测试平台，可以避免数据孤岛现象，提高数据处理和分析效率。另外，还可以增强重点产业链中"主体"与"主体"、"主体"和"结构"间的协同工作能力：各环节数据和分析结果可以在平台上共享，提高了协同工作能力。在压力测试后，集成化的压力测试平台还可以使决策者实时获取分析结果和预警信息，快速决策并响应。

可视化压力测试平台是通过数据可视化技术（如 Power BI、Tableau 等），结合机器学习、人工智能、系统动力学、离散事件仿真等互联网技术将复杂的压力测试数据和分析结果以直观的表格、图形等形式展示出来，帮助决策者快速理解和分析信息。可视化还可以将展示内容根据实时数据进行动态更新，反映最新的分析结果和情景变化。此外，可视化还可以提供交互功能，用户可通过点击、拖拽等操作，深入分析和查看数据详情。

新一代信息技术环境下的集成化、可视化重点产业链压力测试平台，通过整合多种数据源、分析工具和管理功能，提供了高效、实时、直观的压力测试和决策支持。与传统网络环境相比，该系统展现出更强的适应性，能够应对复杂多变的市场状况，增强产业链的抗压与风险管控能力，助力重点产业链实现高质量发展。

第六章　重点产业链压力测试实施框架

第一节　重点产业链压力测试

一　压力测试简介

风险价值（VaR）在特定置信水平下为投资者提供了可能遭受的最大损失预估，然而，历史上一系列危机事件揭示了一个关键事实：超出 VaR 临界值的极端情况（尾部事件）往往具有更为深远的影响。由于"厚尾"现象的普遍存在，现实中极端事件的发生概率远高于理论模型的预测，这些事件不仅可能对单个机构造成致命打击，还可能引发系统性风险，通过市场联动效应传导至相关经济领域。世界银行统计数据显示，从 20 世纪 70 年代末至 21 世纪初，全球范围内共有 93 个国家经历了 112 次系统性银行危机[①]。其中，一些标志性事件如 1987 年美国股市"黑色星期一"、1994 年美国国债收益率飙升事件与墨西哥比索危机、1997 年东南亚金融危机等，均凸显了极端事件对金融市场的巨大冲击。

VaR 方法的一个显著局限性在于其无法充分捕捉那些虽然概率较低但影响重大的极端冲击。有学者指出，尽管 VaR 是一种有效的风险管理工具，但它并不构成完整的风险分析框架。从研究对象的角度来看，压力测试聚焦于那些可能超出 VaR 范围（如 99% 置信水平）的极端事件。压力测试通过深入分析这些极端事件的潜在损失规模，为

---

① 数据来自中国人民银行金融稳定分析小组的报告。

VaR方法提供了重要补充。它不仅能够揭示在极端不利情况下金融机构可能面临的损失，还能够帮助管理者制定有效的风险应对策略，从而增强金融系统的韧性。因此，压力测试在完善风险管理框架、提升金融机构及行业整体抗风险能力方面发挥着重要作用。

压力测试概念最初由国际证监会组织（International Organization of Securities Commissions，IOSCO）于1995年7月提出，旨在评估极端不利市场条件下资产组合可能遭受的影响。1999年，IOSCO进一步深化了这一概念，指出压力测试旨在识别并量化资产组合所面临的极端但具有潜在发生可能性的风险。在中国，原中国银行业监督管理委员会发布的《商业银行压力测试指引》（银监发〔2007〕91号）指出，压力测试是一种以定量分析为主的风险分析方法，通过测算银行在遇到假定的小概率事件等极端不利情况下可能发生的损失，分析这些损失对银行盈利能力和资本金带来的负面影响，进而对单家银行、银行集团和银行体系的脆弱性做出评估和判断，并采取必要措施。这一定义主要侧重于微观层面的风险管理。相比之下，国际货币基金组织（IMF）从宏观经济视角出发，将压力测试视为宏观审慎分析的关键组成部分，指出其对于系统性监测与前瞻性预判金融系统中的脆弱性具有重要意义。IMF强调，压力测试为金融稳健性指标（Financial Soundness Indicators）的分析提供了一个动态分析框架，即考察这些指标在面对宏观经济冲击时的敏感性及其概率分布特征。压力测试不仅涵盖了金融机构个体的风险管理需求，还扩展到整个金融系统的稳定性评估，体现了压力测试在维护金融稳定方面的应用价值。

根据实施主体与目标的差异，压力测试可被划分为两大类别。第一类为自下而上的压力测试，这类测试由金融机构依据监管规定或内部风险管理需求自主执行，旨在评估不利市场变动对其资产负债表的具体影响。凭借对内部数据和模型的深入了解，金融机构能够优化流程，提升测试结果的精确度，但各机构间压力测试结果的可比性相对较低。第二类为自上而下的压力测试，由中央银行或金融监管部门统一策划实施，以评估整个金融体系的稳健性。后者又可细分为微观审慎压力测试和宏观审慎压力测试。微观审慎压力测试侧重于评估单个金融机构对不利条件的适应能力，便于在机构层面采取增加监管资本、缩减风险暴露等监管行动；而宏观审慎压力测试则侧重于评估金融体系对抗系统性金融冲击的能力，尤其关注系统性风险及其放大效应，以及风险在金融机构间、金融体系与实体经济间的传导机制。

压力测试主要运用两种分析方法——"敏感性分析"与"情景分析"。敏感性压力测试通过固定其他因素，单独考察某一风险因子变动对测试对象的影响，其优势在于操作简便、反应迅速，对数据要求相对较低，无须构建复杂的计量模型。情景压力测试则旨在评估多个风险因子的联合变动对测试对象产生的综合影响。此过程通常需要构建宏观经济变量与银行指标间的"传导机制"，以全面揭示压力情景下银行盈利能力和资本充足率的变化趋势。作为金融风险管理的重要工具（Basel III 框架下），压力测试相较于传统的 VaR 方法具有比较优势。

①与 VaR 仅提供特定置信水平下的损失预估不同，压力测试聚焦于 VaR 模型难以捕捉的尾部风险，即极端情况下的潜在损失。VaR 方法基于统计结果进行风险分析，而压力测试则通过特定环境下的机构反应，更客观地评估机构在极端条件下的风险承受能力。

②压力测试打破了 VaR 方法中"损益服从正态分布"的假设，更贴近真实市场环境，能够系统揭示机构面临的潜在风险，有助于管理者了解风险全貌。

③不同于 VaR 方法的"回顾式"分析，压力测试采用"前瞻式"视角，针对未来情景进行合理预测。对于缺乏完整经济周期的数据或经历金融危机等极端情景的发展中国家而言，压力测试具有独特的适用性和价值。

二 产业链风险传播机制

产业链风险传播模型如图 6-1 所示。风险的冲击源可被划分为综合冲击与特定冲击。综合冲击能够波及整个产业链体系；而特定冲击则针对产业链中某一节点企业，影响范围相对有限。

第六章 重点产业链压力测试实施框架

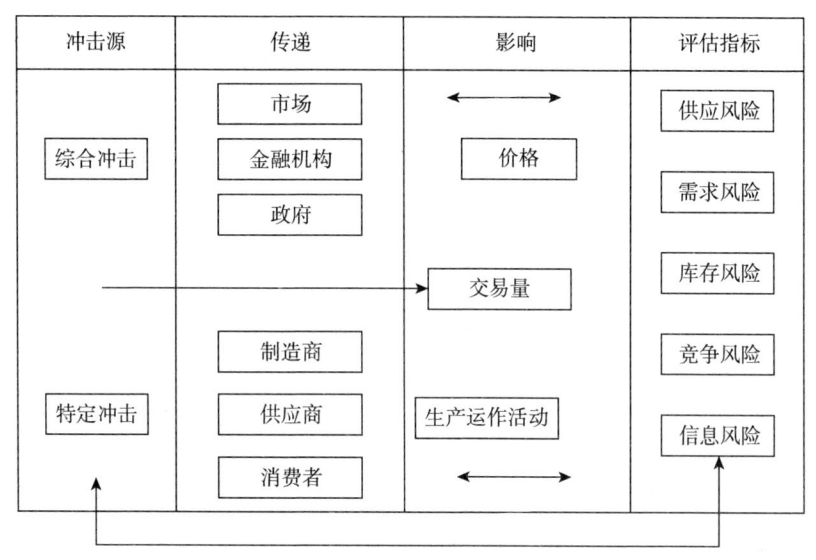

冲击源	传递	影响	评估指标
综合冲击	市场 金融机构 政府	价格	供应风险 需求风险
		交易量	库存风险
特定冲击	制造商 供应商 消费者	生产运作活动	竞争风险 信息风险

图 6-1 产业链风险传播模型

一旦上述冲击产生，首先受到影响的是产业链中的各个节点，如供应商、制造商、消费者。此外，市场、金融机构、政府等实体同样可能受到波及。

由图6-1可知，产业链风险的传播主要通过三条路径：价格、交易量以及生产运作活动。价格路径涉及上下游企业采购价格与销售价格的联动效应；交易量路径则表现为交易量的断崖式下降（如减少30%以上），进而引发产业链整体效率的降低；而生产运作活动路径则因企业产能有限，导致产业链出现延迟交付或生产中断。常见的产业链风险主要有供应风险、需求风险、库存风险等。

关于产业链风险传播机制，有两点补充说明。①传播机制中的风险感知节点及传播路径并非固定不变，它们可根据具体情况灵活调整，以更准确反映不同产业链的差异性。②各风险传播路径通常相互作用并彼此影响。例如，由关键生产线故障引发的冲击，首先通过生产运作活动渠道传播，导致生产能力下降，进而影响交易量，最终通过交易量渠道进行二次传播。

第二节　我国产业链压力测试指标与案例分析

一　产业链压力测试指标和方法

《中共中央关于制定国民经济和社会发展第十四个五年规划和二〇三五年远景目标的建议》中明确提出，要"坚持自主可控、安全高效，分行业做好供应链战略设计和精准施策，推动全产业链优化升级"，"形成具有更强创新力、更高附加值、更安全可靠的产业链供应链"。基于这一指导思想，本章将从以下三个维度（如表6-1）综合评估产业链的韧性与安全水平。

表6-1　产业链压力测试指标和方法

一级指标	二级指标	计算方法
依赖程度	进口依赖	i国家（地区）n产品对j国家（地区）的进口额占i国家（地区）n产品总进口额的比重
	出口依赖	i国家（地区）n产品向j国家（地区）出口额占i国家（地区）n产品总进口额的比重
可控韧性	供给集中度	$HHI_{in} = \sum_{j=1}^{N}\left(\frac{import_{ijn}}{import_{in}}\right)^2$，其中$\frac{import_{ijn}}{import_{in}}$表示$i$国家（地区）$n$产品从$j$国家(地区)进口额占$i$国家(地区)总进口额的比重
	供给多样性	产业链各环节前三位供应国（地区）为i国家（地区）产业链各环节供应的产品数量
自主程度	显性比较优势指数	$RCA_{in} = \frac{export_{in}/export_i}{export_{wn}/export_w}$，其中，$export_{in}/export_i$为$i$国家（地区）$n$产品出口占总出口的比重，$export_{wn}/export_w$为世界$n$产品出口占世界总出口的比重
	贸易竞争优势指数	$TC_{in} = \frac{export_{in} - import_{in}}{export_{in} + import_{in}}$，其中，$export_{in} - import_{in}$表示$i$国家（地区）$n$产品净出口额，$export_{in} + import_{in}$表示$i$国家(地区)$n$产品进出口总额
	专利申请数量	

①依赖程度。传统上，依赖程度常通过进出口额占比来衡量。具

体而言，若一国（地区）从某地区的进口占比高，则表明其在需求路径上存在较强的依赖性，从而可能面临被出口方制约的风险。相反，若一国（或地区）对某地区的出口占比高，则意味着其在出口目的地市场具有较强的议价能力。

②可控韧性。为了评估产业链的可控韧性，现有文献通常采用进口市场集中度和进口来源多样性等指标。本章将进一步细化这一评估，通过考察进口来源国家（地区）的供给集中度和供给多样性来识别产业链的可控韧性。具体而言，供给集中度越低，来源国（地区）越多，意味着产业链的韧性越强；供给多样性则与可控韧性正相关。

③自主程度。在评估产业链自主程度方面，现有研究多采用显性比较优势指数、贸易竞争优势指数来衡量生产能力，以及通过专利申请数量来反映自主研发能力，本章将继续沿用这些指标，全面评估产业链的自主程度。

二　案例分析[①]

本章基于产业链图谱的相关研究成果，分别对集成电路产业链和大容量电池（特指能量密度达到 200 Wh/kg 及以上的电池）产业链进行深入分析。

（一）重点产业链核心产品的识别与匹配

依据上游（原材料与生产设备）、中游（中间品与元器件）、下游（终端消费品及配套服务）的划分逻辑提取出各环节的核心产品。

①集成电路产业链。上游：主要包括用于生产集成电路的原材料和制造设备，如晶圆、光刻胶、光刻机、晶圆抛光液/抛光垫、铝溅射靶材、钛溅射靶材、半导体封装材料、高温氧化炉（RTP）、半导体测试设备、永磁铁氧体以及玻璃基板等。中游：核心为电子元器件，涵盖集成电路、二极管、三极管、存储器、闪存、电阻、电容、电感、耦合器、滤波器、天线和谐振器等。下游：主要为消费电子类产品，如手机、电脑、智能车载终端以及手持智能终端等。

---

① 本部分内容主要引自孙天阳等（2024）。

②大容量电池产业链。上游：主要聚焦于矿产资源等原材料，包括锂矿、石墨矿、锰矿、镍矿和钴矿等。中游：以电池组件等中间产品为主，如石油焦、磷酸铁锂、钴酸锂、镍钴锰三元电池材料、硅基化合物、人造石墨、电解液、隔膜、碳纤维、碳纳米管、集流体等。下游：涵盖消费产品及配套产品，如电池 PACK 测试系统、储能系统、超级电容器、能源回收式电池模组测试系统以及动力电池等。

为了将代表性产品与 HS 编码相匹配，通过提取产品特征关键词，直接确定大部分产品对应的 HS 编码。同时，为了进一步提高匹配精度，利用海关商品归类的行政处罚案例作为补充验证手段。

（二）对集成电路产业链和大容量电池产业链的韧性分析

1. 依赖程度

本章选取 G7 成员国及韩国作为主要发达国家代表进行深入分析。从表 6-2 可以看出，在集成电路产业链，我国与这些发达国家之间存在着一种不对称的依赖关系。具体表现为：我国对发达国家的上游进口依赖显著高于中游和下游；而发达国家对我国集成电路产业链的依赖则呈现梯度增强的态势。

这种非对称依赖关系的根源在于集成电路产业的技术密集特征。上游环节，如光刻机等核心设备的技术壁垒较高，因此我国对这些领域的进口依赖度较高。而中游和下游则更依赖规模化生产能力和成熟的供应链管理体系，这也是发达国家对我国中游和下游的进口依赖加深的原因。

表 6-2 我国代表性产业链与其他国家的进口依赖关系

单位：%

产业链	环节	中国对其他国家进口依赖之和				中国对其他国家平均出口依赖			
		G7+韩国		"一带一路"共建国家		G7+韩国		"一带一路"共建国家	
		2015 年	2020 年	2015 年	2020 年	2015 年	2020 年	2015 年	2020 年
集成电路	上游	60.48	62.97	14.75	22.29	12.77	11.86	13.72	19.12
	中游	28.76	44.74	15.82	33.97	24.22	22.19	22.30	22.70
	下游	37.06	52.70	13.31	32.23	35.51	39.69	25.61	32.06

续表

产业链	环节	中国对其他国家进口依赖之和				中国对其他国家平均出口依赖			
		G7+韩国		"一带一路"共建国家		G7+韩国		"一带一路"共建国家	
		2015年	2020年	2015年	2020年	2015年	2020年	2015年	2020年
大容量电池	上游	17.17	7.92	17.83	16.06	14.08	13.37	9.90	7.72
	中游	70.52	65.63	9.75	10.41	15.32	13.60	13.08	14.31
	下游	48.14	62.17	13.43	22.06	24.12	24.97	25.71	28.51

注：上游、中游和下游各指标为各环节代表性产品指标的均值，下同。
资料来源：根据 UN Comtrade 数据计算。

而与"一带一路"共建国家的相互依赖则主要集中在中游和下游环节。与2015年相比，双方的进口依赖度显著上升。值得注意的是，我国自身已成为中游和下游多种产品的最大供应国，然而，部分产品如存储器和手机等，从"一带一路"共建国家的进口额占总进口额的比重较大，这反映出我国中游和下游产业链有向这些国家转移的趋势。

对大容量电池产业链的依赖关系进行分析可以发现，由于上游的关键矿产资源主要集中于非洲、南美洲等地区，因此，产业依赖关系更多地体现在中游和下游环节。具体而言，我国在中游和下游环节对G7成员国和韩国的进口依赖度较高，特别是下游环节，与2015年相比，我国进口占比显著提高。然而，我国在中下游环节具有强大的产能和出口优势，我国贸易竞争优势指数维持在较高水平。这意味着我国未形成对上述国家的进口依赖，反而在产业链的下游环节，G7成员国和韩国对我国的核心产品，特别是动力电池（37.6%）和储能系统（30.5%）等消费端应用产品，具有较高的依赖程度。

与此同时，在大容量电池产业链，我国与"一带一路"共建国家具有巨大的合作潜力。例如，菲律宾和印度分别在镍矿和硅基化合物的全球出口中份额较高，这些国家在这些领域具有显著的优势，因此可以作为我国大容量电池产业链近岸布局的备选区域，进一步加强合作。

2. 可控韧性

（1）供给集中度

从表6-3可以看出，全球集成电路产业链的供给集中度普遍呈现

产业链韧性打造：基于重点产业链压力的视角

上游和下游较高、中游较低的特点。上游环节由于技术壁垒较高，供应商相对单一，因此在外部贸易环境不确定性增加的背景下，核心产品进口的高集中度意味着存在被"卡脖子"的风险。2020年，不仅我国光刻胶（38.5%）等上游产品的进口集中度较高，其他样本国家也面临着相似的供应条件限制。

表6-3 代表性产业链不同环节的供给集中度

单位：%

产业链	环节	中国 2015年	中国 2020年	美国 2015年	美国 2020年	德国 2015年	德国 2020年	日本 2015年	日本 2020年	韩国 2015年	韩国 2020年
集成电路	上游	25.0	23.0	26.5	29.1	19.8	24.1	29.6	29.7	34.1	36.3
	中游	19.8	16.9	21.3	16.9	15.4	13.9	33.2	25.9	28.0	26.2
	下游	21.3	26.8	42.4	42.3	19.1	27.1	46.4	56.9	43.1	40.0
大容量电池	上游	49.6	47.0	45.5	33.7	28.9	38.1	66.0	64.4	74.0	75.2
	中游	31.2	25.4	28.0	25.0	16.6	21.6	34.7	37.2	32.0	34.2
	下游	18.4	14.9	15.2	14.9	9.8	15.1	21.2	28.9	20.0	42.8

资料来源：根据UN Comtrade数据计算。

然而，下游环节的高集中度则具有不同的安全含义。我国在下游环节，如手机、电脑等消费电子产品的本土生产能力较强。尽管越南、墨西哥等新兴经济体拥有一定国际市场份额，但目前我国仍是这些产品的主要供给国。相比之下，中游环节的供给相对分散，并且与2015年相比，2020年各国的供给集中度有所下降。值得注意的是，泰国、马来西亚等东南亚国家多次出现在主要供给国家的行列，这表明它们在集成电路产业链的中下游环节可能对我国形成竞争压力。

大容量电池产业链的供给集中度总体上呈现上游高于中游、中游又高于下游的特点，这一格局很大程度上由当前的技术路线决定。具体而言，上游市场的结构主要受矿产资源分布的影响；中游市场的结构则取决于各国在正极材料、负极材料、隔膜材料、电解液材料等核心环节的技术储备水平；而下游市场的结构则更多地由市场需求的规模驱动。

2020年，我国在大容量电池产业链上游的供给集中度较日本低17.4个百分点，较韩国低28.2个百分点；中游的供给集中度较日本低

11.8个百分点,较韩国低8.8个百分点;下游的供给集中度较日本低14.0个百分点,较韩国低27.9个百分点。同时,与2015年相比,我国的上游供给集中度下降2.6个百分点,中游的供给集中度下降5.8个百分点,下游的供给集中度下降3.5个百分点,这在一定程度上表明我国大容量电池的产业链结构更为分散,产业链安全水平相对提升。这种趋势反映出我国在优化产业链布局、提升产业链供应链自主可控能力方面取得了积极进展。

(2)供给多样性

2020年,美国、日本、德国、荷兰、韩国等发达国家持续位列集成电路产业链上游产品的前三位供应国,凸显了这些国家在集成电路产业链上游的主导地位。较2015年,这些国家进一步强化了其市场主导能力。由于这些上游产品具有较高的市场准入门槛,技术主要掌握在少数国家手中,因此少有新的供应商能够成功进入市场。

在集成电路产业链的中、下游环节,在多个产品类别中我国居于进口来源地前三位。当前,集成电路产品更新迭代速度加快,多品种、小批量、短周期已成为常态。为此,企业需要借助数字化、智能化技术来优化订单管理和生产计划。国内企业凭借日益智能化的组装加工生产线和长期积累的订单管理经验,成功在中、下游环节保持了较大的市场份额,具备一定的核心竞争力。

在大容量电池行业,2020年我国稳居产业链核心地位。在中下游环节,我国在多个代表性产品类别中居于进口来源地前三位。我国企业敏锐地捕捉到了全球气候治理和主要国家能源转型所带来的市场需求,大容量电池产业链实现了上下游协同发展,形成了上游矿产布局—中游技术创新—下游需求牵引的良性循环。较短时间内,我国成功培育出了一批行业领军企业,为巩固和提升产业链供应链的安全可控能力奠定了坚实基础。

3. 自主程度

(1)显性比较优势指数

根据表6-4可知,发达国家在集成电路产业链上游环节普遍具有显性比较优势，而我国则在中下游环节具备较强的竞争力。

表 6-4 代表性产业链各环节的显性比较优势指数

产业链	环节	中国 2015年	中国 2020年	美国 2015年	美国 2020年	德国 2015年	德国 2020年	日本 2015年	日本 2020年	韩国 2015年	韩国 2020年
集成电路	上游	0.925	0.826	1.577	1.440	0.966	1.001	5.283	5.605	1.133	1.699
	中游	1.856	1.548	0.766	0.973	0.738	0.892	2.561	2.455	1.357	1.707
	下游	2.559	2.652	0.780	0.786	0.724	0.811	0.427	0.602	0.335	0.471
大容量电池	上游	0.913	0.788	0.319	0.377	0.215	0.198	0.251	0.112	0.022	0.137
	中游	1.091	0.963	1.701	1.589	0.992	1.090	2.527	3.559	2.744	3.622
	下游	1.363	1.791	1.203	0.863	1.019	1.407	1.263	1.292	1.282	2.137

资料来源：根据 UN Comtrade 数据计算。

在产业链上游，2020 年我国仅在永磁铁氧体（显性比较优势指数为 3.48）方面表现出较为显著的比较优势，而其他代表性产品的比较优势并不突出。与 2015 年相比，2020 年我国上游环节的显性比较优势指数有所下降，且与日本、韩国等经济体相比仍存在一定的差距。

在中、下游环节，2020 年我国手机（3.78）、平板电脑（4.78）等产品的显性比较优势指数较高。然而，与 2015 年相比，我国中游环节的比较优势有所减弱，这在一定程度上受到东南亚国家产业竞争的影响。尽管如此，我国在集成电路产业链的中、下游环节尤其是下游环节仍保持较强的国际竞争力。

在大容量电池产业链的上游，各样本国家的比较优势普遍较弱。2020 年，我国在中游环节的显性比较优势与日本、韩国相比仍有差距，并且与 2015 年相比有所下降，然而，我国在下游环节展现出了一定的优势。

从具体产品来看，在上游，除了石墨矿我国具备比较优势外，在其他矿产资源上我国均不具备明显的比较优势。在中游的电池组件领域，尽管我国在某些产品上具有较强的竞争力，如正极材料钴酸锂（2.12）和负极材料人造石墨（2.58），但其他代表性产品的优势尚不突出。而在下游，我国对产业链的控制力较强。我国储能系统（2.33）、超级电容器（1.27）、能源回收式电池模组测试系统以及动力电池（2.51）等产品均具备动态比较优势，这些产品在市场上具有较强的竞争力。

（2）贸易竞争优势指数

由表6-5可见，我国集成电路产业链下游的贸易竞争优势指数高于上游、中游，且在样本国家中最高，但2015~2020年上游贸易竞争优势指数下降明显，表明我国上游供给能力仍然较弱。随着我国下游产品出口增加，对上游中间投入品的进口需求也相应提升，2020年上游大部分产品的净出口额为负值（贸易竞争优势指数小于0），尤其是光刻胶（-0.667）、光刻机（-0.837）、晶圆抛光液/抛光垫（-0.752）的贸易竞争优势指数为负值。而发达国家下游贸易竞争优势指数普遍小于0，但上游贸易竞争优势指数普遍高于我国。

表6-5 代表性产业链各环节的贸易竞争优势指数

产业链	环节	中国		美国		德国		日本		韩国	
		2015年	2020年	2015年	2020年	2015年	2020年	2015年	2020年	2015年	2020年
集成电路	上游	0.002	-0.155	0.142	0.142	0.218	0.216	0.614	0.677	-0.077	-0.145
	中游	0.264	0.263	-0.108	-0.241	-0.075	-0.019	0.366	0.410	0.094	0.055
	下游	0.665	0.687	-0.423	-0.516	-0.122	-0.118	-0.410	-0.433	-0.309	-0.332
大容量电池	上游	-0.525	-0.530	-0.309	-0.052	0.030	-0.192	-0.404	-0.342	-0.981	-0.430
	中游	0.174	0.118	0.074	0.007	0.176	0.170	0.190	0.221	-0.055	0.012
	下游	0.282	0.336	-0.028	-0.127	0.119	0.171	0.250	0.227	0.067	0.130

资料来源：根据UN Comtrade数据计算。

大容量电池产业链中各样本国家的上游贸易竞争优势指数普遍小于零，表明大部分上游矿产资源依赖进口。相比2015年，2020年我国的下游贸易竞争优势指数从0.282上升至0.336，在样本国家中最高，但上游贸易竞争优势指数从-0.525降至-0.530，中游贸易竞争优势指数从0.174降至0.118，表明随着我国下游产品出口的增加，我国对上游和中游中间产品的进口需求也相应提升。其中，锰矿（-0.996）、镍矿（-0.999）、钴矿（-0.983）等矿产资源，以及石油焦（-0.882）、镍钴锰三元电池材料（-0.437）、碳纤维（-0.448）等中间投入产品的进口依存度较高。

(3) 专利申请数量

近年来，我国集成电路产业的创新能力不断增强，截至 2020 年多个领域专利申请数量已经超过美国、日本、韩国。需要强调的是，集成电路产业的创新研发是持续、高投入的过程，经过数十年的技术迭代，目前该行业的核心技术掌握在少数国外头部企业手中。为突破"卡脖子"困境，我国在集成电路研发领域投入较大，因此专利产出增长较快，但发达国家长期积累的存量优势仍然明显。以光刻胶为例，根据专利检索，日本在 2000~2020 年共申请了 1387 项专利，其中 2011 年前申请了 916 项，2011~2020 年申请了 471 项。而我国在 2000~2020 年共申请了 1748 项专利，其中 2011 年前仅申请了 397 项，2011~2020 年申请了 1351 项，且大部分专利申请集中于近几年，专利的平均被引用量还较低。

大容量电池行业的情况相对较好，2020 年，根据国家知识产权局数据，我国国际专利申请量保持全球第一。从具体核心产品来看，2020 年我国较日韩等国家在碳纳米管、碳纤维等具体领域的优势不够明显。结合前文分析可知，我国在大容量电池产业链各环节的研发创新、生产工艺方面已形成梯度化掌控能力，创新与产业化衔接较为紧密。

第三节 我国压力测试框架探索与实践[①]

——以银行业为例

在压力测试过程中，精准识别压力是核心要素。借助恰当的数据收集工具和先进的分析手段，能够及时发现金融系统承受的压力，这些发现对于后续开展压力测试而言，是至关重要的参考依据。

一 我国的压力测试框架探索

（一）起步：统一压力测试的推行

2009~2011 年，我国首次完成"金融部门评估规划"（FSAP），其

[①] 本部分内容主要引自纪崴（2021）。

中银行业压力测试成为评估的关键环节。中国人民银行与原中国银行业监督管理委员会联合组建 FSAP 压力测试工作小组，并组织了我国 17 家商业银行，首次在统一的压力情景和测试框架下开展了银行业压力测试。

（二）探索：金融稳定压力测试小组的成立

2011 年底，中国人民银行成立了金融稳定压力测试小组，每年组织主要商业银行进行金融稳定压力测试，旨在评估银行在不利情景下的稳健性。参与压力测试的银行数量逐渐增加，涵盖了部分主要城市商业银行和农村商业银行。测试内容涵盖信用风险、市场风险、流动性风险以及传染性风险，测试结果在每年的《中国金融稳定报告》中披露。

（三）深化：压力测试技术方法的革新

2017 年，作为 FSAP 更新评估的一部分，中国人民银行与中国银行业监督管理委员会联合成立了工作小组，与国际货币基金组织、世界银行集团组成的评估团共同对 33 家主要商业银行进行了压力测试，并对测试方法实施改进。改进内容包括：一是实施偿付能力宏观情景压力测试，同时覆盖信用风险与市场风险，其中信用风险包括贷款损失和应收款项投资损失，市场风险则涵盖银行账户利率风险、债券市场风险和汇率风险；二是采用到期日缺口分析方法进行流动性压力测试，分别测算银行在不同时间窗口的净现金流缺口，并考虑优质流动性资产对流动性缺口的补充作用；三是扩大系统性风险压力测试的范围，不仅考察单个机构的信用违约风险，还考虑了交易对手资金撤离风险的潜在溢出效应，并测算非银行金融机构的风险传染效应。

（四）全面覆盖：压力测试机构范围的扩大

自 2018 年以来，随着金融风险形势的变化，参与压力测试的银行范围已从大型商业银行扩展到包括城市商业银行、农村商业银行、农村信用社、农村合作银行、村镇银行等在内的地方中小银行。2021~2023 年，已累计组织逾 3800 家银行业机构进行压力测试，测试对象覆盖了全国各地区、不同类型、不同规模的机构，并充分考虑了各类机构的主营业务特征、系统重要性等因素，采用了不同的测试方法。对于资产规模超过8000亿元的大中型银行，重点关注其对宏观经济负面冲击的抵御能力及其系统性风险外溢效应；而对于地方中小银行，则着重考察其信贷风险、流动性风险等。

二 我国压力测试成效显著

在开展压力测试的进程中，中国人民银行不断积累经验，积极借鉴并融合国际货币基金组织等国际机构的测试方法，紧密结合我国银行业的特点与发展趋势，持续优化并构建符合中国国情的压力测试框架，完善各类模型与技术手段，强化压力测试在防范化解系统性金融风险中的关键作用。

①构建银行业压力测试的长效机制。经过多年实践，我国已建立起由中国人民银行总行引领、分支机构协同、参测银行积极响应的工作模式，并加强压力测试专业人才培养。此举旨在提升金融机构的风险管理意识与能力，鼓励各银行机构依据自身业务特性和风险特征，将压力测试作为前瞻性的风险监测与预警工具，及时化解潜在风险。同时，实施覆盖全资产负债表的偿付能力压力测试，该测试聚焦于宏观经济增长下行对银行资本充足率的负面影响，测试方法由单一风险、静态分析逐步演进到风险叠加的动态评估，测试周期也由1年扩展至3年，以更全面地反映宏观经济波动中金融风险的累积与放大效应。此外，还考虑了超额拨备在危机中的风险缓解作用，进一步提升了监管资本的计量准确性。

②增强压力情景的内在逻辑一致性，构建风险传导模型。基于对未来风险因素的深入分析，运用宏观经济模型设计包含经济增长、物价、利率、汇率、信用利差等关键指标的压力情景，确保情景间的逻辑一致性。利用面板数据构建信用风险评估模型，精确描述宏观经济与银行信用风险之间的动态关联，持续优化模型算法，并结合风险监测和核查结果对模型输出进行适度调整，提升预测准确性。同时，深入分析金融机构间的风险关联性与传染效应，通过构建同业交易网络

模型，评估系统重要性银行风险的扩散效应，识别网络中的薄弱环节，并分析信用违约与资本外流的潜在风险溢出效应，评估跨市场、跨行业、跨机构的风险传递对金融稳定性的影响。此外，积极探索压力测试结果的应用，推动风险的有效防范与化解，为央行金融机构评级提供重要参考。

③随着测试技术的进步与测试范围的扩大，压力测试结果愈发科学、客观且多维，有效促进了金融风险的早期识别、发现、预警与及时处置。银行业整体风险承受能力持续增强，资本水平逐年提高，不同类型、区域、机构的个体风险特征日益分化。2020年的测试结果显示，在极端不利情景下（不良贷款率激增400%），尽管多数参与测试的银行的资本充足率低于监管要求，但仍满足国际最低标准[①]，显示出较强的风险缓冲能力。大型银行相较于中小型银行展现出更强的风险抵御能力。从地域分布来看，经济欠发达地区及东北和西南地区的银行受冲击较大。

④压力测试作为前瞻性的定量分析工具，在构建风险监测预警体系、防范金融风险方面发挥着重要作用。自2012年起，中国人民银行每年在《中国金融稳定报告》中公开银行业压力测试结果，增强了公众对银行体系稳健运行的信心。针对压力测试揭示的风险，金融管理部门通过约谈、风险提示等方式向参测银行反馈，并与监管部门、地方政府共享信息，协同推进银行业金融机构对重点领域的风险监测与排查，健全风险管理体系，切实提升金融服务实体经济质效。

⑤针对中小银行，中国人民银行强化了压力测试结果的运用，推动其前瞻性地防范和化解风险。针对部分中小银行未通过偿付能力和流动性风险测试的问题，中国人民银行采取了一系列措施，包括督促重点银行压降风险资产、优化资产负债结构、强化资本补充、提升经营管理水平以及完善风险应急预案等，部分中小银行的风险化解工作已取得积极成效。

---

① 巴塞尔协议Ⅲ。

⑥压力测试是金融机构制定与更新恢复和处置计划的关键工具。基于测试结果,国家金融监督管理总局指导系统重要性金融机构制定并定期更新恢复和处置计划,确保在遭遇重大压力时金融机构能够迅速恢复运营。

第七章　重点产业链压力测试保障举措

保障压力测试的正常实施可以有效地推动压力测试系统化、常态化、稳定化和高效化，提升压力测试结果的可信度和可靠性，并最终构建安全稳定的产业链压力管理机制。因此，通过精准施策来确保重点产业链压力测试的高效运作具有高度的重要性和必要性。在移动互联网技术不断更新的背景下，应在压力测试数据管理、模型开发、情景设置、测试执行、结果分析与报告编制等环节，提高数字化与智能化水平，并加强过程控制。要确保压力测试的保障措施健全、流程与方法完善、情景设计合理、操作模型有效、应对预案切实可行，以提高测试的质量和效率，进而持续增强我国重点产业链竞争优势。

具体来说，本章基于我国重点产业链压力测试的核心目标——高质精准与实时响应，探究我国重点产业链的压力测试保障机制——过程控制平台与数智化平台的机理和驱动条件；进一步从压力监测和压力预警层面系统地研究过程控制平台与数智化平台的协同作用，为压力测试保障机制的广泛应用提供指导。

第一节　重点产业链压力测试实施目标

当前国内外宏观经济形势瞬息万变，"灰犀牛""黑天鹅"等风险事件的影响路径错综复杂，这对压力测试的准确性与及时性提出了更高要求。与此同时，移动互联网技术不断发展，人工智能、机器学习、云计算、生成式 AI 等逐步应用于业界实践，给压力测试的数智化发展带来了契机。面临新时代的挑战与机遇，保障重点产业链压力测试科

产业链韧性打造：基于重点产业链压力的视角

学、严谨、高效地开展，并将其应用于产业链实践中，是重点产业链压力管理的重要课题。

确保压力测试正常实施的关键是保证测试过程中监测的准确性和预警的及时性。准确识别出产业链压力点并实施精准预警，既能增强产业链韧性，又能强化压力管理。基于此，保障重点产业链压力测试正常高效实施的核心目标可以简单地概括为两个层面：高质精准目标与实时响应目标。

一　压力测试的高质精准目标

高质精准的压力测试不仅要求明确产业链压力点及类型，还需要明确压力点所处的产业链环节。然而，我国重点产业链压力测试面临如下问题：第一，外部数据庞杂，缺乏统一、权威的数据获取渠道；第二，受限于复杂的产业链系统，各个环节的数据提取周期较长；第三，数据在压力传导的过程中存在失真风险，许多压力测试执行人员缺乏专业知识积累，导致测试结果科学性不足。因此，需要结合环境变化和不同重点产业链特征，充分利用各类新型数据分析和存储技术，制定综合、动态的压力测试保障举措以精准地开展产业链压力测试。例如，通过多渠道获得多维度产业链数据，采用先进的射频识别（RFID）技术和物联网技术采集实时数据，运用区块链技术实现更加精准的压力测试等。

二　压力测试的实时响应目标

实时响应是为了保证压力测试过程中预警的及时性。一方面，实时响应可以决定预警信息是否可以在规定时限内反馈给压力测试的执行人员。另一方面，在重点产业链的压力测试中可能会出现一些变化，因此需要降低不确定性，提升应对能力。系统鲁棒性越强的测试系统意味着可以更灵活地选择不同的压力测试情景和压力传导因子，进行全面的压力测试。

目前在产业链危机预警支持系统的理论研究与实际应用中，已经存在统一建模语言（Unified Modeling Language，UML）、平衡计分卡、面向服务架构（SOA）等危机预警系统工具，然而对产业链各环节、各单元模块、各网络结构之间的衔接风险的关注不足。为了满足实时响应目标，需要从以下几个方面完善压力测试流程。一是各模块之间任务开展的高效协同，以满足各类整合性压力测试任务的要求，如管理部门统一发布任务，各类风险的牵头部门分别负责实施子任务，并在系统上直接验收、汇总。二是压力测试任务的全流程跟踪和全链条实时监测。持续监测各部门的压力测试任务执行情况，及时掌握进度，并从时效性与科学性等多个角度对压力测试工作进行评价和优化，最终实现高效管理。三是压力测试全流程数据的记录和存储，解决传统压力测试数据（特别是情景设定、模型构建与选择等中间过程数据）不易存储的问题，便于事后回溯、分析及审计。

第二节 重点产业链压力测试平台构建

如何有效构建适合我国重点产业链的压力测试平台，是当前理论界与实务界关注的重要方向。有效的压力测试方案应具备以下几个要素：明确的测试目标、合理的情景假设、合适的测试模型、充分的数据支持、有效的风险传导机制、严谨的流程控制、有效的评估与应对措施以及报告与反馈机制。

为实现重点产业链压力测试的高质精准目标和实时响应目标，在移动互联网技术的赋能下，针对实时响应的压力测试目标，构建数智化平台；而针对高质精准的压力测试目标，则构建跨维度协同的过程控制平台。

一 实时响应保障机制：数智化平台

压力测试数智化平台以云计算和移动互联网技术为载体，通过产业链压力测试与大数据、物联网、云计算、机器学习等现代信息技术深度融合，不断推动产业链压力测试的数智化转型。压力测试数智化平台构建过程如下。第一步，利用大数据、云计算等技术，收集、清洗产业链各环节所提供的压力数据，完成初步数据画像。第二步，构建评估体系，基于内外部压力测试数据，计算"自主可控"和"高端跃升"压力测试体系下的指标，量化分析节点、环节及网络的压力水平。第三步，利用云计算、机器学习等技术，构建不同类型压力指标概览图，使用压力测试数据和相关预测模型评估产业链的自主可控和高端跃升压力水平，在完成产业链内外部压力全链条追踪监测的基础上，绘制压力分布热力图，实时展示产业链不同节点、不同环节和不同网络的受压情况与风险敞口；同时与内外部系统做好数据对接，及时生成相关预警信息，发送给相关业务人员，完成压力控制或处置，提升风险适应能力，减少或规避相关损失。

数智化平台通过数据实时更新和数据存储的方式来应对重点产业链压力情景变迁。具体而言，数智化平台具备实时智能响应、自我迭代的动态特点，由此形成的动态数据构成了动态环。数智化平台也具备可追溯、透明化、信息传递高效的静态特征，这样产生的静态数据构成了静态环。动态环与静态环相结合的数智化平台有助于确保压力测试目标的达成。

动态环境层面，数智化平台可以通过实时管理能力、即时监控能力来实现实时响应的目标，同时可以通过独立判断的学习能力来实现智能化响应的目标。

静态环境层面，可追溯的静态历史数据可以正向增强压力测试系统的自我学习能力与迭代能力，使得压力测试系统的算法和模型实现自我完善，这有助于以更合理、完善的方式来推动实时响应目标的达成，并同时降低测试模型潜在的风险。规范化、透明化的管理则能够促进压力测试流程优化，提升实时响应水平。

从实际应用看，数智化平台的建立已有非常扎实的技术基础。2022年，我国的"东数西算"工程正式全面启动，大型、超大型数据中心的建设逐步推动算力规模的扩大，为大数据、人工智能、5G 等前沿技术的发展提供了坚实的基础。国家层面对算力建设给予了大量政策支持,"十四五"规划明确提出加快建设新型基础设施,强化算力统筹调度。国家和地方政策持续出台,为算力基础设施建设提供了资金、土地等多方面的支持,加速了大数据中心的建设。全国一体化算力网的布局也为我国重点产业链压力测试数智化平台建设提供了可靠的支撑。

二 高质精准保障机制：过程控制平台

产业链结构压力呈网络状,具有规模大、分布广、不易控制的特性,因此保证压力测试的高质精准是很有必要的,而多维度协同的过程控制平台有助于保证压力测试高质精准目标的实现。

目前已有的应用较为广泛的过程控制技术是过程控制系统（Process Control System，PCS）,它是工业自动化领域的重要组成部分,用于监控、控制和优化工业过程的运行,以确保生产的稳定性、高效性和安全性。该系统广泛应用于石油化工、制药、食品加工、电力等行业。目前复杂的工业过程控制处于人机合作或人工操作状态。

在产业链压力管理保障机制中,过程控制通过人工干预的方式来优化压力测试。测试人员采用多维度视角和协同原则,利用丰富的专业知识和实践经验规避数智化平台可能出现的系统错误,预测、判定与处理压力测试过程中可能出现的异常情况,保障压力测试结果的高质精准。

多维度视角包括控制数据质量、控制过程可变性及控制结构优先级三个方面。在数据质量方面,鉴于产业链结构压力的特点,测试过程中容易出现压力数据、压力类型及压力指标的不均衡问题。在过程可变性方面,压力测试过程中也可能出现一些不可预测的变化,如承压变量不显著等。在结构优先级方面,因为重点产业链头部企业的压力承受能力较大程度上决定了整个产业链的压力承受能力,因此需要聚焦产业链头部企业。以上三个维度需要过程控制平台人员进行及时的数据采集、检测和人工识别,按预设最优值快速对控制对象进行纠正和调节,从而实现压力预警的高质精准。

为保障压力测试的高质精准,可以采用协同的自上而下的管理方法，即坚持协同原则。在系统论框架下，自上而下的方法是将所有测试对象组成一个整体，以应对测试对象内部结构复杂性问题。而产业链结构压力具有复杂多变的特性，因此自上而下的管理方法有助于实现整体协同，从而实现对压力的有效管理，提升压力测试质量。

此外，大数据、互联网和云计算等技术的发展为过程控制平台的自适应决策与控制提供了支持，使全流程的远程和可视化安全运行与监控成为现实，提升了过程控制平台人员的辅助识别能力，在人机融合的共生模式下实现了高效能的智能化控制。

综上所述，构建产业链压力测试平台不仅要依托具备强大学习功能、联想记忆功能和分布式并行信息处理能力的新一代移动互联网技术，推进数字化、智能化建设，还需将管理调度中的人为因素融入系统，实现过程控制平台建设。基于人机融合保障机制，建设数智化和过程控制相结合的压力测试平台，实现实时响应与高质精准的压力测试目标。

三　重点产业链压力测试平台的作用

（一）优化压力监测

数智化平台和过程控制平台可以协同优化压力监测。数智化平台依赖模型的构建，忽略了模型与真实系统之间的交互关系。因此，数智化平台可以和以人工系统为主的过程控制平台协同，有针对性地优化压力监测。数智化平台提供智能且实时响应的精准测试信息，而过程控制平台则可以优化测试信息，使其更符合我国重点产业链的真实情况。此外，过程控制平台为压力监测提供全景式宏观视图，以保证压力测试的高质精准。而数智化平台则可以实现微观层面的动态管理和纠错，进而提升压力测试的效果。

（二）强化压力预警

数智化平台和过程控制平台能够强化压力预警（见图7-1）。数智化平台能够以一站式、无缝衔接的方式满足不同类型的压力测试需求，通过简洁的界面和简单的点击操作就能完成一系列压力测试活动，在这个过程中可以有效地降低人为因素误差，提升压力预警准确率。数智化平台也具备可追溯、透明化、信息传递高效的特点，这有助于系统高效预警。

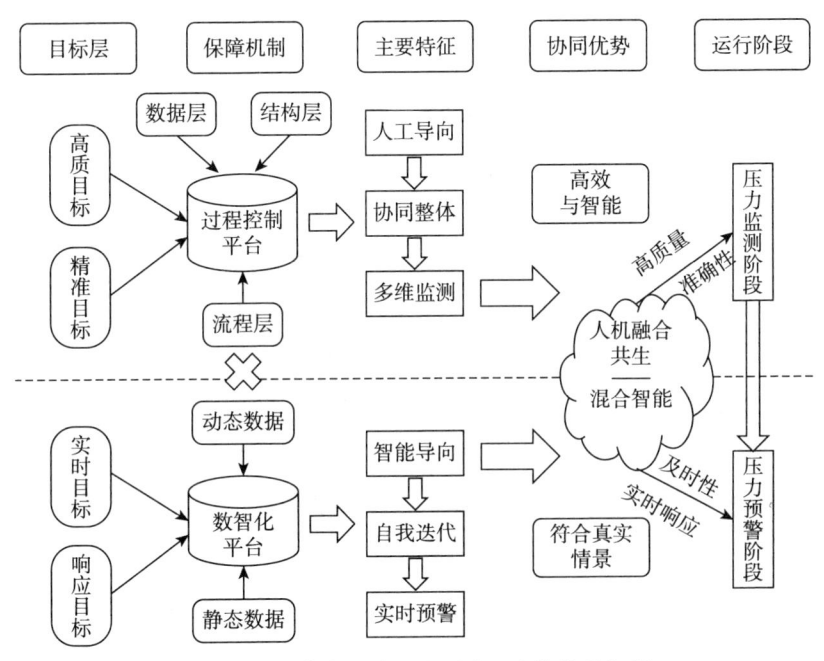

图 7-1 重点产业链压力测试平台的作用机制

而过程控制平台以人工为主导，可预防数智化平台的技术性风险。虽然新技术在克服传统压力测试中信息不对称、时滞效应和数据传输失真等问题方面具有优势，但技术漏洞或编程错误可能对产业链的压力管理带来重大影响，甚至诱发系统性风险。当使用人工智能、大数据、云计算和区块链等技术时，数据主要用于预测未来而非确定因果关系，这可能导致成本和风险的误判。及时的人工干预能够有效弥补数智化平台的不足，从而提升压力预警的精确性与质量。

第三节　移动互联网环境下重点产业链压力测试保障举措

当前，新一代移动互联网技术正在加速向各领域渗透，衍生出新服务、新模式、新业态，深刻重构产业组织形态。在数字经济发展背景下，移动互联网技术赋能重点产业链压力测试，数智化平台与过程控制平台相结合，通过双重保障机制实现压力测试的高质精准与及时响应。以下为具体保障举措。

（一）加快数字基础设施建设

数字基础设施是数智化平台运行的核心，其建设质量直接决定了平台的性能、扩展性和安全性。为了搭建一个可靠的压力测试数智化平台，首先需要从网络、计算、存储等关键要素入手，进行以下优化。①高效的网络架构。采用高带宽、低延迟的网络技术，如5G技术、IPv6协议等，保证平台数据传输速率和稳定性，支持高并发和大量数据的实时处理。②云计算与边缘计算相结合。借助云计算强大的计算和存储能力，加强对边缘计算节点的部署，满足分布式压力测试的需求，提升响应速度和数据处理效率。③数据中心升级。建立绿色节能高效的数据中心，采用虚拟化技术、集群架构和容器化部署，实现资源的动态调配和高效利用，确保压力测试平台计算资源的弹性扩展。

此外，为了更加高效地实现对产业链压力数据的采集与应用，基于数字基础设施的数智化平台还应该注重开发智能化、自动化和可扩展的测试工具，这些工具应能够针对不同的业务场景，快速完成压力测试。例如，通过开发智能自动化测试平台，实现测试任务分配、环境搭建与数据分析的全流程自动化，提升测试效率。再如，研发支持多维度、多场景的压力测试工具，涵盖系统负载均衡、数据吞吐量、网络延迟等关键指标，构建全栈式压力测试服务体系。

（二）构建健康良好的数字生态

应建立完善的数据要素市场，规范数据互联互通的标准，消除产业链各环节的"信息孤岛"，加速数据链、创新链、人才链和资金链的深度融合，为推动产业链数字化转型提供良好的数字生态。在数字经济发展过程中，必须建立统一的标准体系，以促进企业之间的数据共享，真正实现互联互通。在数字产业生态下，通过整合创新资源，运用新一代信息通信技术，缓解产业链协同中的信息不对称问题，提升资源配置效率。

作为微观经济单元，企业的压力测试与管理水平是提升产业链韧性的核心要素。应顺应数字化转型的趋势，重点培育一批具有引领作用的龙头企业和"隐形冠军"，同时大力支持专精特新企业发展。

首先，支持龙头企业的数字化发展。龙头企业在行业中占据核心地位，通常具备强大的资源整合能力和市场影响力。支持这类企业的数字化发展，不仅有助于其自身成功转型，还可以通过其产业链主导地位，加快上下游企业的数字化转型。龙头企业作为产业链中的"链主"，通过开放平台、数据共享和技术输出等方式，能够有效提升整个产业链的数字化水平，从而实现更高的协同效应和资源的优化配置。此外，充分发挥其在行业标准制定方面的引领作用，推动行业的高质量和规范化发展，从而为其他企业的转型提供可借鉴的模式。

其次，培育一批"隐形冠军"。"隐形冠军"通常在细分领域具备深厚的技术积累，能够通过创新推动整个行业的技术进步。培育这类企业，不仅可以提升我国在全球产业链中的技术话语权，还能够加速技术创新的进程，为传统产业的数字化转型和智能化升级提供动力。此外，"隐形冠军"还能够通过与其他中小企业的合作，推动整个产业链的创新协同与资源整合，提升行业整体的竞争力和抗风险能力。

最后，扶持专精特新企业。支持这类企业，能够增强我国在核心技术和关键环节的自主创新能力，降低对国外技术的依赖。许多专精特新企业在先进制造、新材料、生物医药等领域表现出色，其通过精细化生产和技术创新，带动整个行业的技术升级与工艺优化。专精特新企业作为产业链的重要组成部分，能够为大中型企业和龙头企业提供关键产品和服务，形成协同发展的产业生态系统。支持这类企业的发展，有助于补足产业链的薄弱环节，提升整个产业链的竞争力和创新能力。

为构建良好的数字生态，国家必须加大研发投入力度，鼓励企业加大科技创新力度。国家可以通过设立专项科技基金、实施税收优惠政策，激励企业进行技术研发和产品创新。与此同时，促进产学研深度合作，鼓励企业与高校、科研机构合作，形成创新合力，推动核心自主知识产权的创造与应用，从而增强企业在全球市场中的竞争优势。

（三）培养数字化人才

在搭建压力测试平台过程中，数字化人才具有关键作用。如何培养专业、高水平的数字化人才？首先，优化教育体系。在高等院校和职业教育机构中增设数字化相关课程，如数据科学、人工智能、云计算、网络安全等课程。同时，强化编程、数据分析、项目管理等实用技能的培训。其次，加强校企合作，让学生能够在真实的工作环境中锻炼技能，积累经验，培养他们的动手能力和项目管理能力。最后，为数字化人才设计明确的职业发展路径，为其提供成长的机会。

第八章　重点产业链压力治理

第一节　重点产业链压力治理背景

当前，世界百年未有之大变局加速演进，各种不稳定不确定因素明显增加，世界各国深刻意识到全球产业格局中所隐藏的产业链安全威胁。众多国家纷纷采取策略性举措，并对重点产业链实施抗压管理（李伟和贺俊，2022）。例如，2020年4月，日本新设了名为"经济组"的部门，此部门专门负责策划及拟定经济与产业领域的安全战略及方针。2021年秋季，欧盟委员会发布年度战略前瞻报告，强调需保障关键原料来源的稳定性和供应渠道的多元化。

面对复杂严峻的国际形势，我国把产业链的安全提升至国家战略的高度。2020年中央经济工作会议指出，产业链供应链安全稳定是构建新发展格局的基础，同时把"增强产业链供应链自主可控能力"列为当年的重点任务之一。《中华人民共和国国民经济和社会发展第十四个五年规划和2035年远景目标纲要》强调"坚持经济性与安全性相结合，补齐短板，锻造长板，分行业做好供应链战略设计和精准施策，形成具有更强创新力、更高附加值、更安全可靠的产业链供应链。"2022年4月29日中共中央政治局召开会议，强调"发展要安全"。

在"十四五"规划期内，我们必须全力以赴，提升重点产业链的稳定性和市场竞争力，构筑未来发展的新动能。独立健全且具有强大韧性的产业体系，是经济稳定发展的关键支柱。因此，务必把增强产业链供应链的稳定性与核心竞争力置于战略高度，实施重点产业链压力治理。

产业链韧性打造：基于重点产业链压力的视角

我国的重点产业链在全球化进程中面临多方面的压力和挑战。这些压力主要来自传统基础产业链的高端跃升压力，如技术创新压力、产品质量提升压力、产业结构优化压力、降本增效压力、绿色可持续改造压力；还来自战略性新兴产业链的自主可控压力，如核心技术掌控不足的压力、关键零部件供应不稳的压力、产业生态结构不完善的压力等。以技术创新压力和核心技术掌控不足压力为例详细说明。

技术创新压力是传统基础产业链升级的首要挑战。这种压力不仅源自科技的飞速发展，特别是信息技术、智能制造、人工智能等领域的颠覆性创新，还源于市场竞争的加剧以及消费者对高品质、高附加值产品的需求的持续增长。一是技术更新换代的压力。随着科技的快速进步，新技术、新工艺层出不穷，传统产业必须不断掌握这些新技术，才能保持产品的市场竞争力。二是创新投入不足的压力。一些传统企业由于资金短缺、管理层对创新重视不够等原因，创新投入不足，难以支撑持续的技术创新活动。三是创新体系不完善的压力。一些传统企业缺乏与外部创新主体的有效合作机制，导致创新资源分散、创新效率低下。

核心技术掌控不足压力不仅关乎产业链的竞争力、市场地位，更直接关系到国家的经济安全和发展主动权。造成核心技术掌控不足的原因是多方面的。首先，研发投入不足。一些企业由于资金短缺，难以持续开展研发活动。其次，创新体系不完善。当前我国的创新体系在资源配置、人才培养等环节仍存在系统性短板。最后，国际技术封锁和知识产权壁垒。

目前，产业核心技术的研发过程中也存在一些困难。一是技术门槛高。新兴行业的关键技术通常跨越众多领域，构筑于复杂的技术体系之上，对于后发国家而言，必须缩小技术差距或规避技术障碍。二是创新风险大。核心技术的研发常常伴随高度不确定性及较高的失败率，这要求企业具备一定的风险抵御能力。三是人才培养慢。核心技术的研发离不开大批高素质和具备从业经验的研发人才，但人才培养和引进需要时间。

针对这些压力和挑战,本章在前述章节基础上提出补链和强链的策略。补链策略包括加强技术创新与研发、强化产业合作与协同、加强政策支持与引导、加快数字化转型、促进产业链延伸与优化等。强链策略包括提升技术水平与创新能力、完善产业链条与配套设施、提升人才素质等。

第二节 移动互联网环境下的重点产业链压力治理

一 大数据支持下的精准决策与压力治理

大数据技术助力产业链所面临的诸多难题的解决,提升决策准确性和执行效率。具体来说,在数据收集阶段,可以通过移动互联网终端、物联网传感设备、企业 ERP 系统等多种渠道,全面收集重点产业链各环节的数据。这些数据包括但不限于生产数据、库存数据、物流数据、市场需求数据、财务运营数据等。再将收集到的多源数据进行整合和清洗,去除重复和错误数据,确保数据的准确性和一致性。利用分布式数据仓库与数据库架构,建立统一的重点产业链数据中台,为重点产业链的压力治理提供数据基础。

在数据分析与建模阶段可以运用数据挖掘手段,从庞大的数据集中提取出高价值数据。利用聚合分析、关联关系研究及递归拟合等方法,揭示重点产业链内隐藏的问题。此外,可以利用机器学习和统计模型,对重点产业链各环节进行预测分析。例如,运用人工智能技术,对产业链内的信息流进行智能化解析与趋势预测,从而提升预测准确性,以及时应对市场波动和突发风险。建立需求预测、库存优化、产业链风险预警等模型,助力企业前瞻性应对市场变化和潜在风险。

在决策阶段首先可以构建基于大数据的决策支持系统,将分析结果和预测模型整合到决策流程中。通过可视化工具,向决策者提供实时数据和分析结果,辅助科学决策。其次,可以利用大数据技术进行场景模拟和优化分析。通过模拟不同决策方案的效果,评估其对重点产业链的影响,选择最佳方案。最后,还可以应用遗传算法、粒子群优化等智能算法，对生产计划、库存管理、配送路径规划等环节进行优化。

二 协同与资源共享基础上的压力治理

提高信息透明度和协同效率，可以有效应对重点产业链中断、市场波动和资源浪费等问题。具体来说，可以利用移动互联网技术构建重点产业链协同平台。构建基于云技术的宏观数据架构，实现产业链各环节企业、资源供应商以及物流服务商的互联互通。通过平台实现信息共享，提升产业链各环节的透明度。此外，构建统一的数据标准与接口标准，保障各类企业及系统间的信息实现顺畅的对接与交互。通过标准化，提升数据的质量和一致性，减少信息传递过程中的误差。加强上下游企业合作，推动上下游企业建立战略合作机制，增强产业链的整体竞争力。鼓励企业与上下游合作伙伴联合开展研发和创新活动，通过共享研发资源和技术成果，提高技术水平和产品质量，提升重点产业链的整体创新能力和风险抵御能力。利用信息技术提升协同效率。利用传感器与智能装置，实时采集数据，从而对生产流程实施即时监控和自动化控制，进而提高协作效能。在区块链技术的应用中，企业可以利用区块链技术实现产业链的可信数据交换。借助分布式账本技术的去中心化属性与防篡改特性，保障物流信息的准确性与开放性，从而提高合作效率。

三 数据安全基础上的压力治理

在移动网络中，保障数据安全尤为关键。随着企业数字化转型的深入和信息技术的广泛应用，海量数据的产生和处理已成为常态化运营环节。这些数据包括客户信息、商业机密、交易记录等敏感信息。因此，保障数据安全不仅是技术层面的要求，更是法律法规和伦理道德层面的义务。

第一，采用先进的加密技术和安全协议。企业需运用先进的加密技术和安全协议以维护数据在传输和存储过程中的安全性。信息在传输途中可能遭遇拦截、窃取等，故必须运用类似 TLS（传输层安全协议）的加密手段，避免传输过程中的信息被非法拦截和篡改。在存储方面，企业可以使用 AES（高级加密标准）等算法对存储的数据进行加密，防止未经授权的访问。第二，使用多因素认证和访问控制。除了加密技术，企业还应实施多因素认证（Multi-Factor Authentication，MFA）机制，确保只有经过授权的用户才能访问系统和数据。多因素认证结合了多个验证因素，如密码、智能卡、生物特征等，能显著提高账户的安全性。同时，严格的访问控制措施也必不可少。企业应根据用户身份及权限，配置相应的访问等级，确保关键信息仅限授权人员访问。第三，强化数据保密措施。企业务必遵守全球不同地区的数据保密法规，企业也应制定一份明晰的隐私政策，并且向使用者说明数据收集目的及使用范围。第四，企业应打造健全的合规管理体系，以保障所有行为严格遵照法律法规和监管要求。企业应对合规政策进行定期审核与更新，使其与现行法律法规及行业规范保持一致。企业应设立合规部门，负责监督合规政策的实施。企业还应定期开展合规培训，增强员工的合规意识，确保每一位员工了解并遵守相关法规和制度。第五，企业应建立有效的风险识别与控制机制，提前识别和防范潜在的法律和经营风险。第六，企业需制定危机应对策略，以便在面临风险事件之际，能及时启动应急响应，从而降低损失。

第三节 重点产业链压力的应对措施

一 传统基础产业链压力的应对措施

第一，技术升级与创新。鼓励企业增加研发投入，促进常规技术的更新，从而提升产品的增值潜力。采用前沿技术、先进工艺及高端设备，提高生产效率与质量，强化产业链的竞争优势。例如，通过增加研发投入，建立研发中心和实验室；通过建立技术评估与改进机制、引进先进技术、加强技术合作与交流等措施，推动传统技术的升级换代；通过开发高附加值产品、实施品牌战略、提供个性化定制服务等措施，提高产品附加值。

第二,产业协同优化。加强上下游企业间的沟通与协作,通过签订长期合作协议、构建战略联盟等方式建立紧密的产业链合作伙伴关系。借助信息交流、资源整合及协同创新,实现资源优化配置,降低制造成本,提高综合效益。

第三,市场拓展与产品多元化。积极开拓新市场,拓宽销售渠道,降低对单一市场的依赖。同时,推动产品多元化发展,满足不同消费者的需求,提升市场占有率。例如,通过市场调研与分析、制定市场进入策略、开展本地化运营等措施开拓新市场。

第四,绿色低碳可持续发展。注重环境保护、资源节约与高效利用,推动产业绿色转型。通过采用环保技术、提高资源利用效率等措施,降低污染排放,提升产业可持续发展能力。例如,通过资源循环利用等措施实现环境保护和资源节约,通过绿色供应链管理等推动产业绿色转型。

二 战略性新兴产业链压力的应对措施

第一,提升基础研发能力。集中力量突破核心技术,特别是在上游原材料供应和基础技术研发方面,加大政府及企业对科研的投入,培养创新型人才,提升自主创新能力。

第二,构建完整产业生态。推动上下游环节的协同发展,补齐产业链短板。通过政策引导、财政支持和市场机制等手段,促进原材料供应、生产制造和应用服务等环节的深度融合。

第三,增强跨国协同与互动。一方面,引入先进技术和管理经验,全力推进国际合作。另一方面,推动国内企业"走出去",拓展国际市场,参与全球竞争。

第四,优化政策环境与市场机制。制定针对战略性新兴产业的优惠政策和专项规划,营造良好的发展环境。同时,完善市场机制,推动公平竞争和优胜劣汰,激发企业活力和创新动力。

第五,加强风险管理与防控。建立健全风险预警和应急机制,加强对关键环节的监管,降低供应链中断风险,确保重点产业链的安全稳定。

第九章　典型案例分析

近年来，我国工业互联网领域取得了显著进展，网络体系、标识解析体系、平台服务体系、数据管理体系、安全保障体系日益健全，融合应用水平不断提升，标志着我国工业互联网正从探索阶段稳步迈向规模化应用与高质量发展的全新阶段。在此过程中，工业互联网已成为推动企业实现数字化智能化与绿色化转型、确保产业链供应链安全稳定、加速产业结构优化升级、促进工业经济平稳健康发展的重要驱动力量。

从产业链结构来看，工业互联网产业链的上游涵盖智能终端生产设备与网络；中游则聚焦于工业互联网平台，可细分为边缘计算层、IaaS层、平台服务层以及应用服务层；而下游则延伸至各类工业企业（见图9-1）。

第一节　上游分析

一　传感器

（一）市场规模

传感器是能感受被测量并按照一定的规律转换成可用输出信号的器件或装置。根据中商产业研究院发布的《2023~2028年中国传感器行业市场前景预测及未来发展趋势研究报告》，2022年中国传感器市场展现出强劲的增长态势，市场规模已达到3096.9亿元。2019~2022年，中国传感器市场经历了持续稳定的扩张，年均复合增长率高达12.26%。2023年，这一增长趋势得以延续，市场规模已攀升至3324.9

产业链韧性打造：基于重点产业链压力的视角

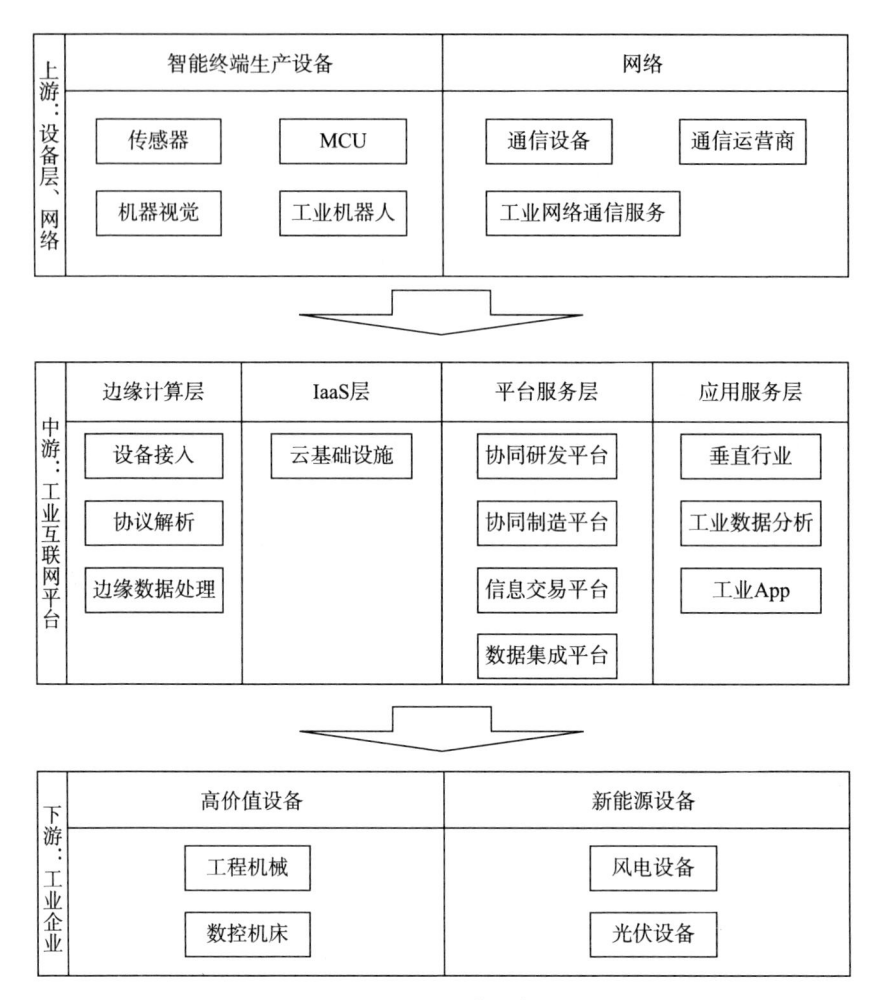

上游：设备层、网络	智能终端生产设备		网络	
	传感器	MCU	通信设备	通信运营商
	机器视觉	工业机器人	工业网络通信服务	

中游：工业互联网平台	边缘计算层	IaaS层	平台服务层	应用服务层
	设备接入	云基础设施	协同研发平台	垂直行业
	协议解析		协同制造平台	工业数据分析
	边缘数据处理		信息交易平台	工业App
			数据集成平台	

下游：工业企业	高价值设备		新能源设备	
	工程机械		风电设备	
	数控机床		光伏设备	

图 9-1　工业互联网产业链

资料来源：中商产业研究院。

亿元。到 2024 年，中国传感器市场将迎来更为广阔的发展前景，市场规模有望增至 3732.7 亿元（见图 9-2）。

（二）重点企业分析

在中国传感器行业，大立科技脱颖而出，作为少数具备独立研发与生产能力的高新技术企业，其业务覆盖了从红外热成像核心芯片、机芯组件到整机系统的全产业链条，形成了完整的技术集成体系。值得一提的是，大立科技的传感器业务在其整体业务版图中占比超过 90%。

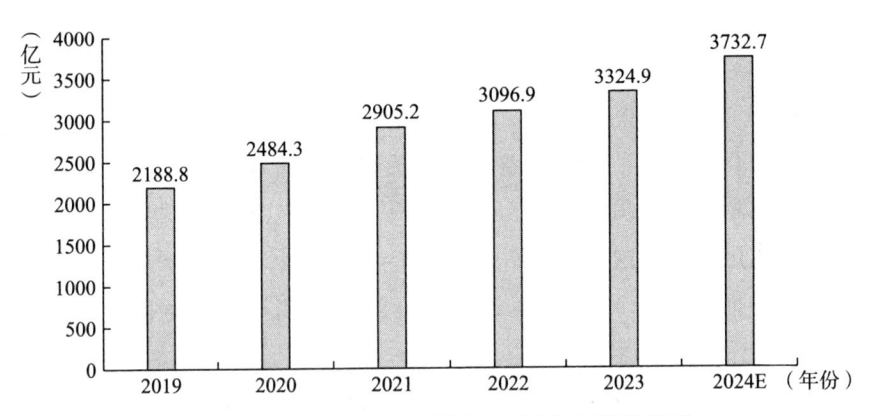

图 9-2　2019~2024 年中国传感器市场规模及预测

资料来源：中商产业研究院。

华工科技在传感器市场同样享有盛誉，作为提供传感器系统解决方案的领先企业，其传感器产品广泛应用于智慧出行、家庭、医疗、城市等多个前沿领域，具有强大的市场竞争力与行业影响力，具备显著的竞争优势。中国传感器行业竞争格局见表 9-1。

表 9-1　中国传感器行业竞争格局

公司	传感器产品类型
大立科技	红外热成像传感器
华工科技	NTC 系列热敏电阻、PIC 系列热敏电阻和汽车电子
威尔泰	压力变送器、传感器
汉威科技	气体、压力、流量、温度、加速度等传感器
高德红外	红外热成像传感器
韦尔股份	图像传感器
歌尔股份	压力传感器、交互类传感器、流体传感器
兆易创新	嵌入式传感芯片，电容、超声、光学模式指纹识别芯片以及自容、互容触控屏控制芯片
森霸传感	热释电红外传感器、可见光传感器
中航电测	应变式传感器

资料来源：中商产业研究院。

二 MCU

（一）市场规模

在"国产替代"趋势日益明显以及"芯片短缺"问题凸显的背景下，国内相关企业积极响应，显著提升了MCU（微控制器）的研发、制造及应用能力。这些努力不仅推动了中低端MCU领域国产化的稳步推进，还推动国内MCU行业逐步向高端市场拓展，从而提升了我国MCU行业的整体市场竞争力。

根据中商产业研究院发布的《2023～2029中国MCU芯片市场现状研究分析与发展前景预测报告》，2022年中国MCU市场规模实现了显著增长，达到493.2亿元，同比增长13.67%。2023年，这一增长势头得以延续，市场规模扩大至575.4亿元。中商产业研究院预测，到2024年，中国MCU市场规模将进一步增长至625.1亿元（见图9-3）。

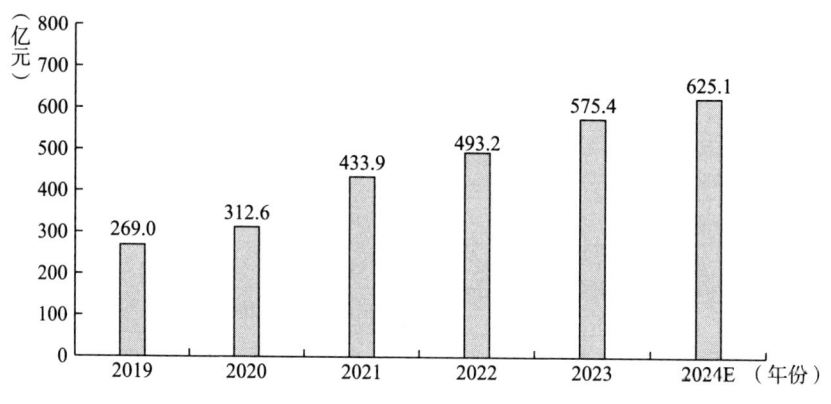

图9-3 2019～2024年中国MCU市场规模及预测

资料来源：中商产业研究院。

（二）竞争格局

当前，32位MCU领域的技术壁垒相对较高，因此国内市场上仍以国际厂商为主导。2022年，意法半导体、恩智浦、英飞凌、瑞萨电子以及微芯科技这五家国际巨头，合计拥有69.5%的市场份额。

在中国厂商中，也有部分企业展现出了不俗的实力。极海半导体、兆易创新和德州仪器，在国内32位MCU市场上分别拥有5.5%、4.8%

和 2.7%的市场份额（见图 9-4），虽然与国际巨头相比仍有差距，但已初步具备了与国际品牌同台竞争的能力。

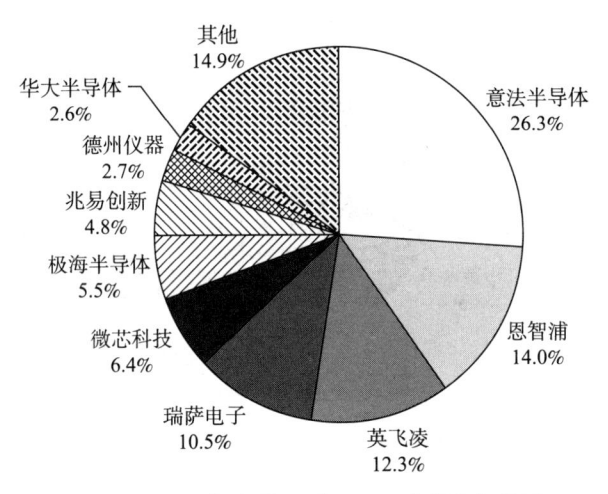

图 9-4 2022 年中国 32 位 MCU 市场竞争格局
资料来源：中商产业研究院。

在 8 位 MCU 市场中，微芯科技以其卓越的市场表现，拥有 28.9%的市场份额，稳居行业头部。而在中国厂商中，中微半导体、辉芒微电子以及中颖电子同样具有强大的市场竞争力，分别拥有 12.8%、8.6%和 8.5%的市场份额（见图 9-5），显示出 8 位 MCU 领域较高的国产化水平。

三 机器视觉

（一）市场规模

随着机器视觉技术的不断进步，其下游应用领域持续扩展，涵盖消费电子、汽车制造、半导体生产、医疗健康等多个行业，这些行业的工业自动化程度逐步提升。在此背景下，我国机器视觉市场规模呈现持续扩大态势。

根据中商产业研究院发布的《2023~2028 年中国机器视觉行业市场前景预测及未来发展趋势报告》，2022 年中国机器视觉市场规模实现了显著增长，达到了 168.88 亿元，同比增长 22.24%。2023 年，这一增长趋势得以延续，市场规模扩大至 225.56 亿元。中商产业研究院预

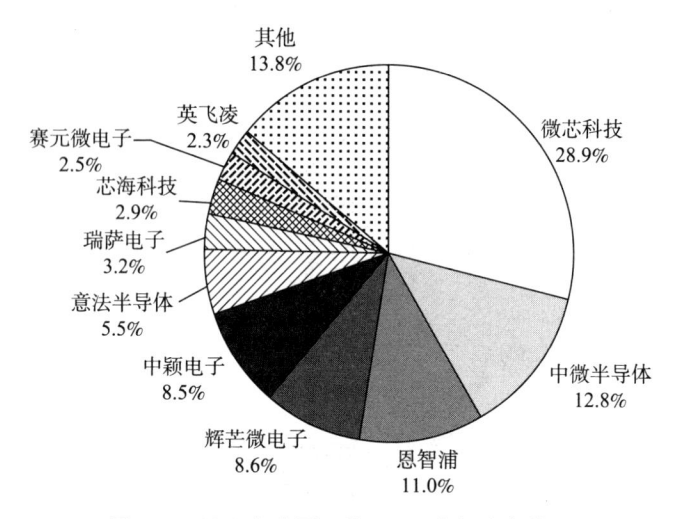

产业链韧性打造：基于重点产业链压力的视角

图9-5　2022年中国8位MCU市场竞争格局
资料来源：中商产业研究院。

测，2024年中国机器视觉市场的规模将进一步扩大至251.84亿元（见图9-6）。

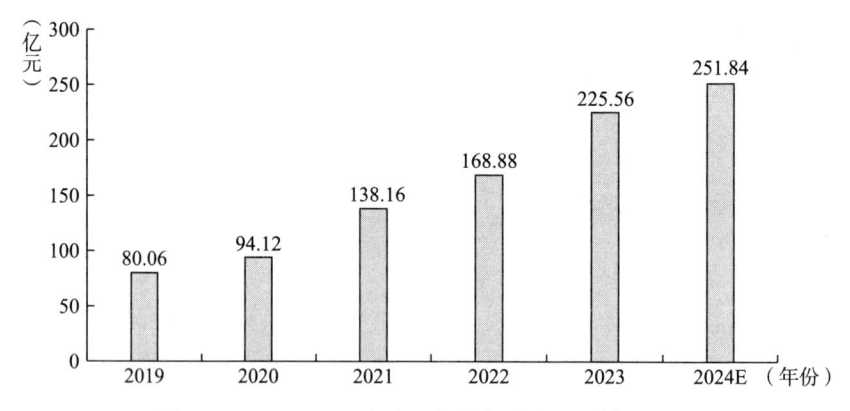

图9-6　2019~2024年中国机器视觉市场规模及预测
资料来源：中商产业研究院。

（二）重点企业分析

中国机器视觉行业涌现出了一批领军企业（见表9-2），它们以卓越的技术实力和市场表现引领着行业的发展。其中，矩子科技凭借其在国内中高端机器视觉设备领域的深厚积累，成为该细分市场的领军企业；而天准科技则以其在工业视觉装备领域的杰出贡献，成为中国工业视觉装备的龙头企业。此外，精测电子、凌云光等企业同样在机器视觉行业占有重要地位，共同推动中国机器视觉技术的不断进步与应用领域的持续拓展。

表9-2 中国机器视觉行业重点企业的业务布局

公司简称	业务布局	所属省市
矩子科技	国内中高端机器视觉设备龙头厂商，机器视觉业务目前以工业检测领域为主，主要应用于生产环节，针对生产过程中产品的外观缺陷进行检测	上海市
天准科技	我国工业视觉装备龙头企业，主要产品包括视觉测量装备、视觉检测装备、视觉制程装备和智能网联方案等，应用于消费电子、光伏半导体、汽车、PCB、智能网联等领域	江苏省
精测电子	自主研发基于AI的检修一体化算法库及相关产品，在显示领域的主营产品包括信号检测系统、OLED调测系统、AOI光学检测系统和平板显示自动化设备等	湖北省
凌云光	可配置视觉系统、智能视觉装备与核心视觉器件的产品与解决方案提供商，是我国较早进入机器视觉领域的企业之一。机器视觉领域主要产品有可配置视觉系统、智能视觉装备与核心视觉器件	北京市
美亚光电	深度聚焦智能分选、高端医疗影像、工业检测等业务领域，提供色选机、高端医疗影像设备、工业检测设备等产品，致力于为全球用户提供高效、便捷的智能识别解决方案	安徽省
先导智能	在3C智能设备领域提供的服务有3D视觉测量、LED芯片封装检测等；在汽车智能领域提供的技术服务有机器人视觉识别定位系统、人机协作机器人集成等	江苏省
劲拓股份	智能机器视觉检测设备由公司自主研发、生产和销售，拥有运动控制和视觉识别方面的核心技术，应用于电路板组装制程领域	广东省
康鸿智能	聚焦机器视觉和AI算法，深耕3C产品、光电照明、新能源及工业机器人等领域，提供检测技术与自动化相结合的创新服务	江苏省
赛腾股份	在消费电子、光伏、汽车零部件、半导体等智能组装及检测方面具有较强的竞争优势和自主创新能力	江苏省
超音速	以"AI+机器视觉智能装备"为核心，专注锂电池视觉检测领域，领先的AI+机器视觉技术及产品研发	广东省
奥普特	国内较早进入机器视觉领域的企业之一，拥有完整的机器视觉核心软硬件产品。自主产品线已全面覆盖视觉算法库、光源、智能视觉平台、深度学习（工业AI）、光源控制器、工业相机、智能读码器、3D传感器、工业镜头	广东省

资料来源：中商情报网。

四 工业机器人

(一) 产量

近年来,得益于国内一系列扶持政策的密集出台以及市场环境的日益成熟,我国工业机器人的产量总体呈现增长趋势。根据中商产业研究院发布的《2024~2029年中国工业机器人行业深度调查及投融资战略研究报告》,尽管长期趋势向好,但在2024年1~2月,全国规模以上工业企业的工业机器人累计产量为75992套(见图9-7),同比下降9.8%。这一数据反映了短期内市场可能面临的波动或调整,但长期来看,我国工业机器人行业仍拥有广阔发展空间和巨大增长潜力。

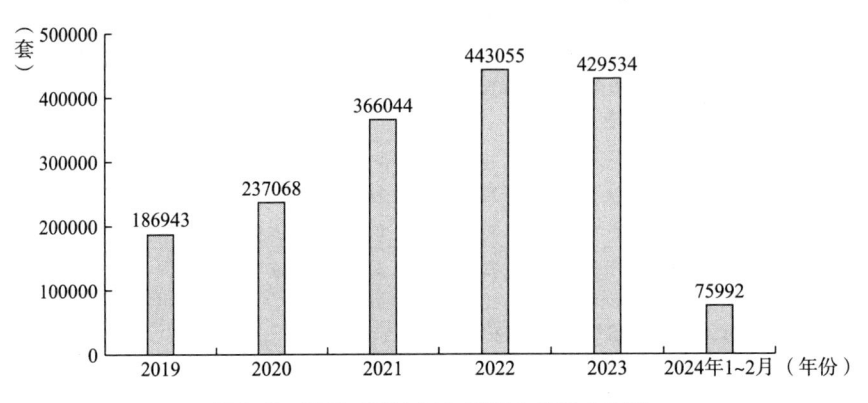

图9-7 2019~2024年中国工业机器人产量

资料来源:中商产业研究院。

(二) 重点企业分析

我国工业机器人市场目前主要由国外企业主导,国内的工业机器人企业主要聚焦于码垛、装卸料及搬运等中低端应用领域(约占52.3%)。然而,当前我国机器人企业正积极寻求全产业链布局。例如,埃斯顿采取了全产业链的布局策略,除减速器外,其余关键部件均实现自主生产。

由表9-3可知,3C产品、汽车零部件等领域是工业机器人的主要应用领域。

第九章　典型案例分析

表 9-3　中国机器人行业重点上市企业业务布局情况

企业名称	产品布局	主要应用领域	优势
埃斯顿	SCARA、多关节机器人、焊接机器人	新能源、3C 产品、汽车零部件	全产业链布局，除减速器外均自制；国产龙头，具有规模效应；以六轴为主，定位高端；收购 CLOOS 补齐国内厚板焊接短板
汇川技术	SCARA、多关节机器人	3C 产品、锂电、硅晶、纺织	国内工控龙头，伺服和运动控制较强，具有工控供应链+客户协同优势
新时达	SCARA、多关节机器人、协作机器人	3C 产品、锂电、光伏、电力	系统集成应用
新松机器人	全覆盖	汽车、3C 产品、半导体、新能源	全产业链布局，主要客户为央国企
拓斯达	SCARA、多关节机器人	新能源、光电、汽车零部件	2014 年收购国内运动控制头部公司众为兴，2015 年收购晓奥享荣布局机工业机器人系统集成业务，集成能力出众
埃夫特	SCARA、多关节机器人、协作机器人	汽车零部件、3C 产品、家具制造	除减速器外均自制，智能制造解决方案
华中数控	SCARA、多关节机器人、Delta 机器人	3C 产品、家电、院校培训	数控系统和伺服电机起家，运控技术积淀深厚
凯尔达	焊接机器人	车辆船舶、轨道交通、工程机械、石油化工、金属家具、五金制品、医疗器械、健身器材	国内焊接机器人龙头，焊接机器人技术全球一流，自产机器人整机，成本控制能力强，伺服弧焊技术相对成熟

资料来源：中商产业研究院。

第二节　中游分析

一　产业增加值

近年来，我国工业互联网产业的增加值稳步增长，为经济的稳增长提供了有力支撑。根据《中国工业互联网产业经济发展白皮书

（2023年）》，2022年我国工业互联网产业增加值已经达到了4.46万亿元，占国内生产总值的比重也达到了3.69%。2023年，预计工业互联网产业增加值将进一步提升至4.69万亿元。

中商产业研究院预测，到2024年，中国工业互联网产业的增加值总体规模有望达到4.95万亿元（见图9-8）。这一预测不仅彰显了工业互联网在我国经济结构转型升级中的重要地位，也预示着工业互联网产业将持续为经济的高质量发展注入强劲动力。

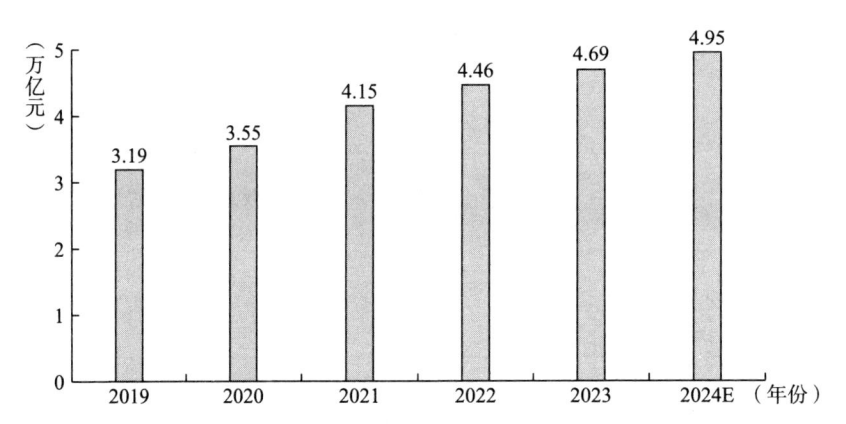

图9-8　2019~2024年中国工业互联网产业增加值规模及预测
资料来源：中商产业研究院。

二　产业结构

我国工业互联网的发展已从探索阶段迈入规模化应用的新阶段，与人工智能、"元宇宙"等新一代信息技术深度融合。通过农业智能化、智能制造、服务数字化等创新模式，工业互联网正全方位赋能各行各业，为第一产业、第二产业和第三产业的高质量发展注入了强大动力。

根据《中国工业互联网产业经济发展白皮书（2023年）》，2022年，工业互联网对第一产业的增加值贡献达到了0.06万亿元，占比1.3%；对第二产业的增加值贡献高达2.28万亿元，占比51.1%；对第三产业的增加值贡献则为2.12万亿元，占比47.5%（见图9-9）。这一数据充分展示了工业互联网在推动三大产业转型升级、促进经济高质量发展方面的巨大潜力与显著成效。

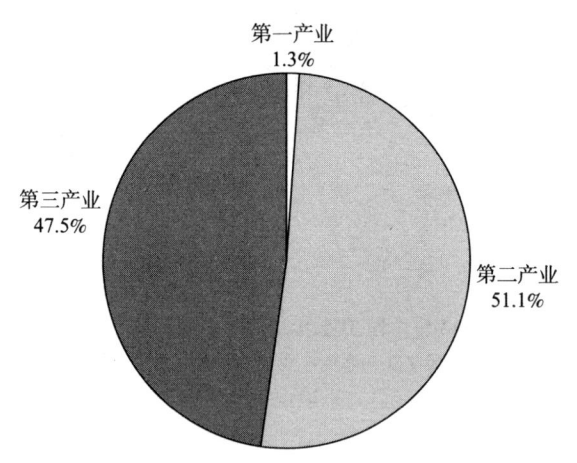

图 9-9 2022 年工业互联网带动第一、第二、第三产业增加值规模占比

三 地区分布情况

从工业互联网的地区发展状况来看，东部地区展现出了较为明显的领先优势，紧随其后的是中部和西部地区。具体而言，截至 2022 年 12 月，东部地区的 10 个省（区、市）的工业互联网产业增加值达到 2.49 万亿元，占全国总量的 55.8%。其中，广东、江苏、浙江、山东、北京、上海、福建等地的工业互联网产业增加值均超过了 1000 亿元，反映了这些地区在工业互联网领域的强大实力。

中部地区 6 个省份的工业互联网产业增加值达到 0.92 万亿元，占比达到了 20.6%，显示出中部地区在工业互联网发展上具有一定优势。西部地区虽然整体占比较低，为 19.3%（见图 9-10），但四川、重庆、陕西这三个省（市）在工业互联网领域的发展尤为突出，是西部地区的重要增长极。

综上所述，我国工业互联网产业的发展呈现出区域发展不均衡但整体向上的发展态势，各地区都在积极探索适合自身特点的工业互联网发展路径。

产业链韧性打造：基于重点产业链压力的视角

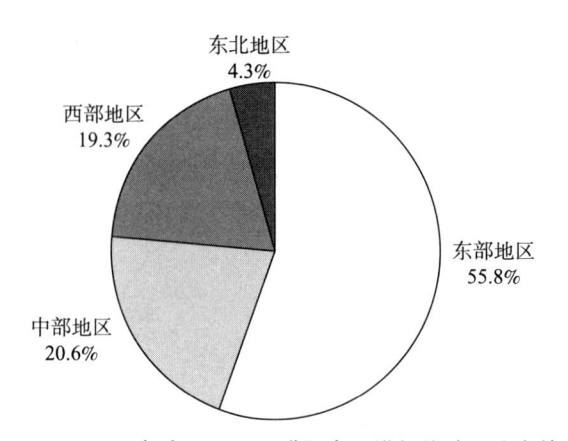

图 9-10　2022 年中国工业互联网产业增加值地区分布情况

资料来源：《中国工业互联网产业经济发展白皮书（2023 年）》。

四　投融资情况

2019~2021 年，我国工业互联网产业的投融资规模呈现增长的态势，不仅投资事件数量持续攀升，投资金额也呈增长趋势。2021 年，我国工业互联网产业的投资事件数量及融资金额均创历史新高，全年共发生了 93 起投资事件，融资金额高达 163.50 亿元。

2022~2023 年，投资事件数量和融资金额均呈下降趋势。2024 年前两个月，工业互联网产业已经发生 13 起投资事件，融资金额达到了 5.34 亿元（见图 9-11）。

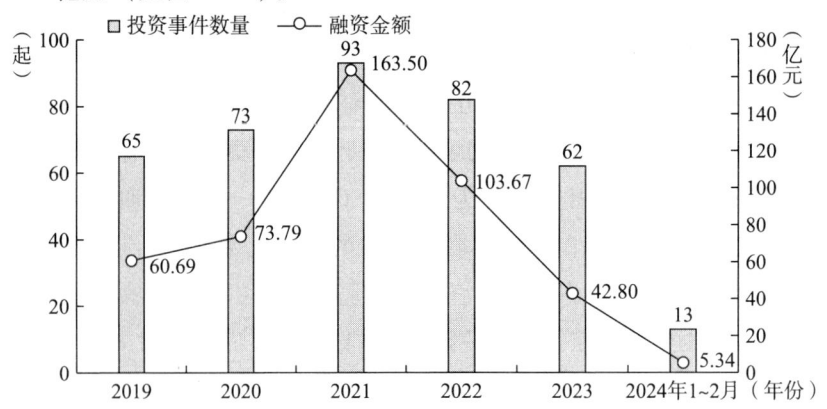

图 9-11　2019 年至 2024 年 2 月中国工业互联网产业投融资情况

资料来源：中商产业研究院。

这些数据表明，尽管投融资活动在不同年份有所波动，但整体来看，我国工业互联网领域的投融资活动依然保持了一定的热度和活力，为行业的持续发展和创新提供了有力的资金支持。

第三节　下游分析

一　工程机械

随着"一带一路"倡议、以人为本的新型城镇化战略以及保障性住房建设等一系列政策措施的深入实施，工程机械行业迎来了前所未有的发展机遇。然而，根据中商产业研究院数据，2022年，国内工程机械行业遭遇了一定程度的挑战，行业步入下行调整阶段。受到宏观经济增速放缓、工程项目有效开工率不足等多重不利因素的叠加影响，国内工程机械市场需求显著下滑，较上年同期整体销量下滑8.1%。

具体而言，2022年国内工程机械行业的营业收入降至7977亿元，与上一年度相比下降了12%。2023年，随着宏观调控政策效果的逐步显现以及市场需求的缓慢恢复，工程机械行业的经营状况有所改善，全年营业收入增至8490亿元。

中商产业研究院预测，到2024年，随着国内基础设施建设的持续推进以及工程机械行业技术的不断创新，市场需求将进一步回暖，工程机械行业的营业收入有望增长至8766亿元。

二　数控机床

在国家产业政策的积极扶持与企业持续创新的共同推动下，数控机床行业呈现蓬勃发展的态势，行业规模不断扩大，整体运营状况保持稳定且持续向好。根据中商产业研究院数据，2023年中国数控机床市场规模已攀升至4090亿元，而在之前的五年，该行业的年均复合增长率约为5.8%。

产业链韧性打造：基于重点产业链压力的视角

基于当前市场趋势与行业动向，中商产业研究院预测 2024 年中国数控机床行业的市场规模将进一步扩大至 4325 亿元（见图 9-12）。

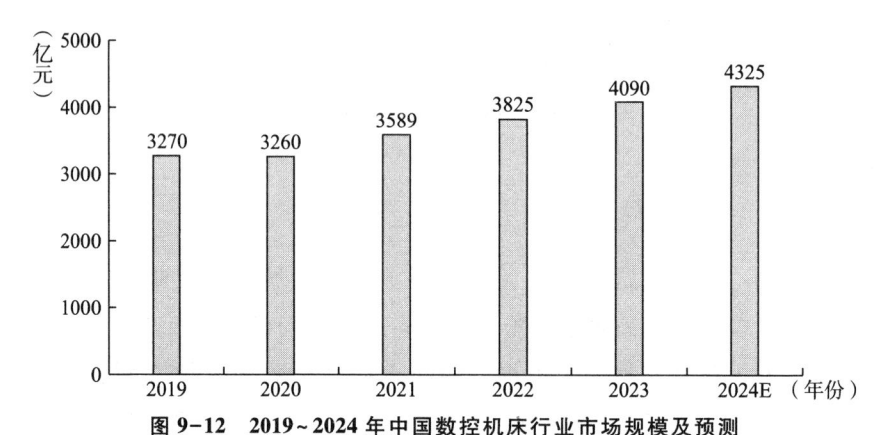

图 9-12　2019~2024 年中国数控机床行业市场规模及预测
资料来源：中商产业研究院。

三　光伏设备

中国光伏设备市场规模在持续扩大，随着国内光伏企业产能的不断扩张，相关设备制造商的订单量也同步增长。根据中商产业研究院发布的《2022~2027 年中国太阳能光伏设备行业调研及投资风险研究预测报告》，2022 年我国光伏设备产业的规模已经攀升至 410 亿元，同比增长 2.5%。2023 年，这一增长势头得以延续，全年产业规模达到 485 亿元。

中商产业研究院预测，2024 年中国光伏设备市场规模有望达到 545 亿元（见图 9-13）。这一预测不仅彰显了我国光伏设备市场的蓬勃生机与广阔前景，也预示着在政策支持、技术创新、市场需求的共同驱动下，中国光伏设备行业将迎来更加辉煌的明天。

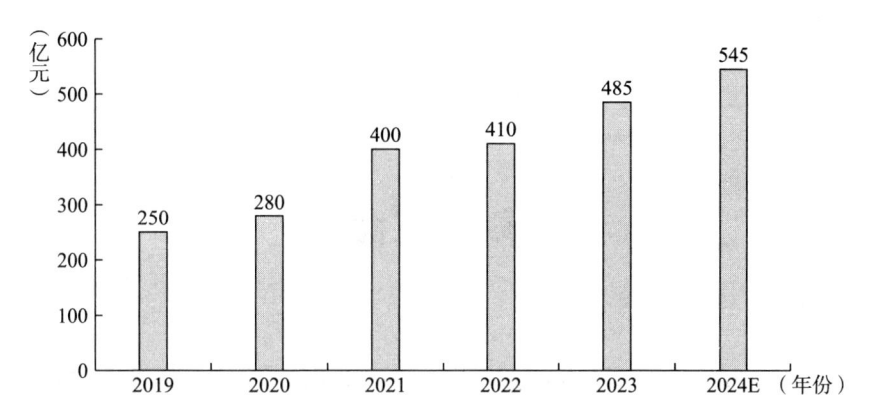

图 9-13　2019~2024 年中国光伏设备市场规模及预测

资料来源：中商产业研究院。

参考文献

[1] Andersson, F., Mausser, H., Rosen, D., & Uryasev, S. 2001. Credit risk optimization with conditional value-at-risk criterion [J]. Mathematical Programming, 89: 273-291.

[2] Aungst, T. D., Clauson, K. A., Misra, S., et al. 2014. How to identify, assess and utilise mobile medical applications in clinical practice [J]. International Journal of Clinical Practice, 68 (2): 155-162.

[3] Aydin, N. Y., Duzgun, H. S., Wenzel, F., & Heinimann, H. R. 2018. Integration of stress testing with graph theory to assess the resilience of urban road networks under seismic hazards [J]. Natural Hazards, 91: 37-68.

[4] Baes, M., & Schaanning, E. 2023. Reverse stress testing: Scenario design for macroprudential stress tests [J]. Mathematical Finance, 33 (2): 209-256.

[5] Barbieri, P. N., Lusignani, G., Prosperi, L., & Zicchino, L. 2022. Model-Based approach for scenario design: Stress test severity and banks' resiliency [J]. Quantitative Finance, 22 (10): 1927-1954.

[6] Berkowitz, J. 1999. A coherent framework for stress testing [J]. Journal of Risk.

[7] Brooks, C., Clare, A. D., Dalle Molle, et al. 2005. A comparison of extreme value theory approaches for determining value at risk [J].

Journal of Empirical Finance, 12 (2): 339-352.

[8] Chae, M., & Kim, J. 2003. What's so different about the mobile Internet? [J]. Communications of the ACM, 46 (12): 240-247.

[9] Chan, K. F., & Gray, P. 2006. Using extreme value theory to measure value-at-risk for daily electricity spot prices [J]. International Journal of Forecasting, 22 (2): 283-300.

[10] Chan, N. H., Deng, S. J., Peng, L., & Xia, Z. 2007. Interval estimation of value-at-risk based on GARCH models with heavy-tailed innovations [J]. Journal of Econometrics, 137 (2): 556-576.

[11] Chawla, P., Kumar, A., Nayyar, A., & Naved, M. (Eds.). 2023. Blockchain, IoT, and AI technologies for supply chain management [M]. CRC Press.

[12] Chen, T., Matinmikko, M., Chen, X., Zhou, X., & Ahokangas, P. 2015. Software defined mobile networks: Concept, survey, and research directions [J]. IEEE Communications Magazine, 53 (11): 126-133.

[13] Chong, X., Zhang, J., Lai, K. K., & Nie, L. 2012. An empirical analysis of mobile internet acceptance from a value-based view [J]. International Journal of Mobile Communications, 10 (5): 536-557.

[14] Christopher Frey, H., & Patil, S. R. 2002. Identification and review of sensitivity analysis methods [J]. Risk Analysis, 22 (3): 553-578.

[15] Chrousos, G. P. 2009. Stress and disorders of the stress system [J]. Nature Reviews Endocrinology, 5 (7): 374-381.

[16] Committee on the Global Financial System. 2005. A survey of stress tests and current practice at major financial institutions [R].

[17] Conti, M., Passarella, A., & Das, S. K. 2017. The Internet of

People (IoP): A new wave in pervasive mobile computing [J]. Pervasive and Mobile Computing, 41: 1-27.

[18] Dafermos, Y., & Nikolaidi, M. 2021. How can green differentiated capital requirements affect climate risks? A dynamic macrofinancial analysis [J]. Journal of Financial Stability, 54.

[19] Delmas, M., & Montiel, I. 2009. Greening the supply chain: When is customer pressure effective? [J]. Journal of Economics & Management Strategy, 18 (1): 171-201.

[20] Duinker, P. N., & Greig, L. A. 2007. Scenario analysis in environmental impact assessment: Improving explorations of the future [J]. Environmental Impact Assessment Review, 27 (3): 206-219.

[21] Ellestad, M. H. 2003. Stress testing: Principles and practice [M]. Oxford University Press.

[22] Fan, Y., & Stevenson, M. 2018. A review of supply chain risk management: Definition, theory, and research agenda [J]. International Journal of Physical Distribution & Logistics Management, 48 (3): 205-230.

[23] Ferreira, M. A., & Lopez, J. A. 2005. Evaluating interest rate covariance models within a value-at-risk framework [J]. Journal of Financial Econometrics, 3 (1): 126-168.

[24] Fornasiero, R., Sardesai, S., Barros, A. C., & Matopoulos, A. 2021. Next generation supply chains: A roadmap for research and innovation [M]. Springer Nature.

[25] Gaudenzi, B., & Borghesi, A. 2006. Managing risks in the supply chain using the AHP method [J]. The International Journal of Logistics Management, 17 (1): 114-136.

[26] Gencay, R., & Selçuk, F. 2004. Extreme value theory and Value-at-Risk: Relative performance in emerging markets [J]. International Journal of Forecasting, 20 (2): 287-303.

[27] Gençay, R., Selçuk, F., & Ulugülyaǧci, A. 2003. High volatility, thick tails and extreme value theory in value-at-risk estimation [J]. Insurance: Mathematics and Economics, 33 (2), 337-356.

[28] Gradillas, M., & Thomas, L. D. 2023. Distinguishing digitization and digitalization: A systematic review and conceptual framework [J]. Journal of Product Innovation Management.

[29] Greenspan, A. 2000. Greenspan's plea for stress testing [J]. Risk, 13: 53-55.

[30] Gualandris, J., & Kalchschmidt, M. 2014. Customer pressure and innovativeness: Their role in sustainable supply chain management [J]. Journal of Purchasing and Supply Management, 20 (2): 92-103.

[31] Guermat, C., & Harris, R. D. 2002. Forecasting value at risk allowing for time variation in the variance and kurtosis of portfolio returns [J]. International Journal of Forecasting, 18 (3): 409-419.

[32] Hoejmose, S. U., Grosvold, J., & Millington, A. 2014. The effect of institutional pressure on cooperative and coercive "green" supply chain practices [J]. Journal of Purchasing and Supply Management, 20 (4): 215-224.

[33] Hwang, D., Byun, D. W., & Odman, M. T. 1997. An automatic differentiation technique for sensitivity analysis of numerical advection schemes in air quality models [J]. Atmospheric Environment, 31 (6): 879-888.

[34] Hongfu, N., & Ye, T. 2021. China's industrial upgrading and value chain restructuring under the new development pattern [J]. China Economist, 16 (5): 72-102.

[35] Hu, D., Yan, J., Zhao, J. L., & Hua, Z. 2014. Ontology-based scenario modeling and analysis for bank stress testing [J]. Decision Support Systems, 63: 81-94.

[36] Huang, J. J., Lee, K. J., Liang, H., & Lin, W. F. 2009. Estimating value at risk of portfolio by conditional copula-GARCH method [J]. Insurance: Mathematics and Economics, 45 (3): 315-324.

[37] Humphreys, L., Von Pape, T., & Karnowski, V. 2013. Evolving mobile media: Uses and conceptualizations of the mobile internet [J]. Journal of Computer-Mediated Communication, 18 (4): 491-507.

[38] Kamilaris, A., & Pitsillides, A. 2016. Mobile phone computing and the internet of things: A survey [J]. IEEE Internet of Things Journal, 3 (6): 885-898.

[39] Kayis, B., & Dana Karningsih, P. 2012. SCRIS: A knowledge-based system tool for assisting manufacturing organizations in identifying supply chain risks [J]. Journal of Manufacturing Technology Management, 23 (7): 834-852.

[40] Kim, H., Kim, J., & Lee, Y. 2005. An empirical study of use contexts in the mobile internet, focusing on the usability of information architecture [J]. Information Systems Frontiers, 7: 175-186.

[41] Koolhaas, J. M., Bartolomucci, A., Buwalda, B., et al. 2011. Stress revisited: A critical evaluation of the stress concept [J]. Neuroscience & Biobehavioral Reviews, 35 (5): 1291-1301.

[42] Kranner, I., Minibayeva, F. V., Beckett, R. P., & Seal, C. E. 2010. What is stress? Concepts, definitions and applications in seed science [J]. New Phytologist, 188 (3): 655-673.

[43] Kottas, J. F., & Lau, H. S. 1978. Stochastic breakeven analysis [J]. Journal of the Operational Research Society, 29 (3): 251-257.

[44] Lewis, B. M. 2005. Inventory control with risk of major supply chain disruptions [D]. Georgia Institute of Technology.

[45] Li, S., Xu, L. D., & Zhao, S. 2015. The internet of things: A survey [J]. Information Systems Frontiers, 17: 243-259.

[46] Liang, S., Qu, S., & Xu, M. 2016. Betweenness-based method to identify critical transmission sectors for supply chain environmental pressure mitigation [J]. Environmental Science & Technology, 50 (3): 1330-1337.

[47] Liao, Y., & Barnes, J. 2015. Knowledge acquisition and product innovation flexibility in SMEs [J]. Business Process Management Journal, 21 (6): 1257-1278.

[48] Liao, Y., & Marsillac, E. 2015. External knowledge acquisition and innovation: The role of supply chain network-oriented flexibility and organizational awareness [J]. International Journal of Production Research, 53 (18): 5437-5455.

[49] Lin, Y., & Zhou, L. 2011. The impacts of product design changes on supply chain risk: A case study [J]. International Journal of Physical Distribution & Logistics Management, 41 (2): 162-186.

[50] Lulu, R. 2023. Deep integration of innovation chain and industrial chain [J]. Integration, 5 (17): 30-35.

[51] Ma, Z., Nie, S., & Liao, H. 2022. A load spectra design method for multi-stress accelerated testing [J]. Proceedings of the Institution of Mechanical Engineers Part O Journal of Risk and Reliability, 236 (6): 994-1006.

[52] Maitland, C. F., Bauer, J. M., & Westerveld, R. 2002. The European market for mobile data: Evolving value chains and industry structures [J]. Telecommunications Policy, 26 (9-10): 485-504.

[53] Malik, P. K., Sharma, R., Singh, R., et al. 2021. Industrial Internet of things and its applications in industry 4.0: State of the art [J]. Computer Communications, 166: 125-139.

[54] Marimoutou, V., Raggad, B., & Trabelsi, A. 2009. Extreme value theory and value at risk: Application to oil market [J]. Energy Economics, 31 (4): 519-530.

[55] Mathiyazhagan, K., Govindan, K., & Noorul Haq, A. 2014. Pressure analysis for green supply chain management implementation in Indian industries using analytic hierarchy process [J]. International Journal of Production Research, 52 (1): 188-202.

[56] Mercure, J. F., Pollitt, H., Bassi, A. M., et al. 2016. Modelling complex systems of heterogeneous agents to better design sustainability transitions policy [J]. Global Environmental Change, 37: 102-115.

[57] Nagy, J., Oláh, J., Erdei, E., et al. 2018. The role and impact of Industry 4.0 and the internet of things on the business strategy of the value chain—The case of Hungary [J]. Sustainability, 10 (10): 3491.

[58] Neiger, D., Rotaru, K., & Churilov, L. 2009. Supply chain risk identification with value-focused process engineering [J]. Journal of Operations Management, 27 (2): 154-168.

[59] Nielsen, P., & Fjuk, A. 2010. The reality beyond the hype: Mobile Internet is primarily an extension of PC-based Internet [J]. The Information Society, 26 (5): 375-382.

[60] Packham, N., & Woebbeking, F. 2023. Correlation scenarios and correlation stress testing [J]. Journal of Economic Behavior & Organization, 205: 55-67.

[61] Ponnambalam, S. G., Subramanian, N., Tiwari, M. K., & Wan Yusoff, W. A. (Eds.). 2019. Industry 4.0 and hyper-customized smart manufacturing supply chains [M]. IGI Global.

[62] Rockafellar, R. T., & Uryasev, S. 2002. Conditional value-at-risk for general loss distributions [J]. Journal of Banking & Finance, 26 (7): 1443-1471.

[63] Rose, A. 2007. Economic resilience to natural and man-made disasters: Multidisciplinary origins and contextual dimensions [J]. Envi-

ronmental Hazards, 7 (4): 383-398.

[64] Sadeghi, M., & Shavvalpour, S. 2006. Energy risk management and value at risk modeling [J]. Energy Policy, 34 (18): 3367-3373.

[65] Sheffi, Y. 2001. Supply chain management under the threat of international terrorism [J]. The International Journal of Logistics Management, 12 (2): 1-11.

[66] Shi, Q., Ding, X., Zuo, J., & Zillante, G. 2016. Mobile Internet based construction supply chain management: A critical review [J]. Automation in Construction, 72: 143-154.

[67] Simchi-Levi, D., & Simchi-Levi, E. 2020. We need a stress test for critical supply chains [J]. Harvard Business Review, 28.

[68] So, M. K., & Philip, L. H. 2006. Empirical analysis of GARCH models in value at risk estimation [J]. Journal of International Financial Markets, Institutions and Money, 16 (2): 180-197.

[69] Song, Y., Yu, C., Hao, L., & Chen, X. 2021. Path for China'shigh-tech industry to participate in the reconstruction of global value chains [J]. Technology in Society, 65: 101486.

[70] Sorge, M., & Virolainen, K. 2006. A comparative analysis of macro stress-testing methodologies with application to Finland [J]. Journal of Financial Stability, 2 (2): 113-151.

[71] Starr, M. K., & Tapiero, C. S. 1975. Linear breakeven analysis under risk [J]. Journal of the Operational Research Society, 26 (4): 847-856.

[72] Thomas, R. W., Esper, T. L., & Stank, T. P. 2010. Testing the negative effects of time pressure in retail supply chain relationships [J]. Journal of Retailing, 86 (4): 386-400.

[73] Vlachos, P. A., & Vrechopoulos, A. P. 2008. Determinants of behavioral intentions in the mobile internet services market [J]. Jour-

nal of Services Marketing, 22 (4): 280-291.

[74] Wu, X., Zhu, X., Wu, G. Q., & Ding, W. 2013. Data mining with big data [J]. IEEE Transactions on Knowledge and Data Engineering, 26 (1): 97-107.

[75] Xiang, D., & Yu, Z. 2021. Global value chain restructuring: Challenges, opportunities and strategies for China [J]. China Economist, 16 (5): 132-158.

[76] Xu, L., Mathiyazhagan, K., Govindan, K., et al. 2013. Multiple comparative studies of green supply chain management: Pressures analysis [J]. Resources, Conservation and Recycling, 78: 26-35.

[77] Youssef, M., Belkacem, L., & Mokni, K. 2015. Value-at-Risk estimation of energy commodities: A long-memory GARCH - EVT approach [J]. Energy Economics, 51: 99-110.

[78] Zeng, H., Chen, X., Xiao, X., & Zhou, Z. 2017. Institutional pressures, sustainable supply chain management, and circular economy capability: Empirical evidence from Chinese eco-industrial park firms [J]. Journal of Cleaner Production, 155: 54-65.

[79] Zhang, Q. 2024. The impact of digitalization on the upgrading of China's manufacturing sector's global value chains [J]. Journal of the Knowledge Economy, 1-24.

[80] Zhang, W., Zhang, T., Li, H., & Zhang, H. 2022. Dynamic spillover capacity of R&D and digitalinvestments in China's manufacturing industry under long-term technological progress based on the industry chain perspective [J]. Technology in Society, 71: 102-129.

[81] Zhang, Z., & Rao, W. 2021. Key risks and development strategies for China's high-end medical equipment innovations [J]. Risk Management and Healthcare Policy, 3037-3056.

[82] Zhou, K., Liu, T., & Zhou, L. 2015. Industry 4.0: Towards future industrial opportunities and challenges [C]. In 2015 12th In-

ternational conference on fuzzy systems and knowledge discovery（FSKD）(pp. 2147-2152). IEEE.

[83] Zhu, Q., & Sarkis, J. 2007. The moderating effects of institutional pressures on emergent green supply chain practices and performance [J]. International Journal of Production Research, 45（18-19）: 4333-4355.

[84] Zhu, Q., Sarkis, J., & Geng, Y. 2005. Green supply chain management in China: Pressures, practices and performance [J]. International Journal of Operations & Production Management, 25（5）: 449-468.

[85] Zhu, Q., Sarkis, J., & Lai, K. H. 2007. Green supply chain management: Pressures, practices and performance within the Chinese automobile industry [J]. Journal of Cleaner Production, 15（11-12）: 1041-1052.

[86] 巴曙松，朱元倩.2010.压力测试在银行风险管理中的应用[J].经济学家，(2)：70-79.

[87] 柴国荣，高旭，周福洲.2009.基于界面集成的供应链全生命周期风险预警模式研究[J].科技进步与对策，26(2)：23-26.

[88] 柴天佑.2016.工业过程控制系统研究现状与发展方向[J].中国科学：信息科学，46(8)：1003-1015.

[89] 陈国青，任明，卫强，等.2022.数智赋能：信息系统研究的新跃迁[J].管理世界，38(1)：180-196.

[90] 陈剑，刘运辉.2021.数智化使能运营管理变革：从供应链到供应链生态系统[J].管理世界，37(11)：227-240+14.

[91] 陈晓东，刘洋，周柯.2022.数字经济提升我国产业链韧性的路径研究[J].经济体制改革，(1)：95-102.

[92] 陈晓东，杨晓霞.2021.数字经济可以实现产业链的最优强度吗？——基于1987—2017年中国投入产出表面板数据[J].南京社会科学，(2)：17-26.

[93] 崔嵘,李翀.2023.寻找我国产业链韧性提升的方向 [J].国际金融,(4):32-40.

[94] 代鑫,黄弘,于富才,等.2024.暴雨内涝灾害下社区韧性压力测试方法研究 [J].清华大学学报(自然科学版),1-10.

[95] 戴宾,杨茜.2023.重点产业链供应链安全风险特征识别与治理机制设计 [J].珞珈管理评论,(1):1-10.

[96] 董丽.2023.数字经济驱动制造业产业链韧性提升研究 [D].吉林大学.

[97] 杜坤伦,李贤彬,李后强.2020.压力测试机制助力重大风险防控研究——基于金融风险管控的视角 [J].财经科学,(6):41-50.

[98] 段浩.2020.新冠疫情对我国产业链韧性的压力测试及应对举措 [J].中国工业和信息化,(3):94-96.

[99] 傅元略.2021.产业链供应链融合及其价值管理数智化研究 [J].财务研究,(3):3-10.

[100] 郭朝先,左立国.2024.产业链链长制:实践与问题 [J].新型工业化理论与实践,1(2):71–80.

[101] 郭宏,伦蕊,孙唯露.2023.中国产业链安全水平测度研究 [J].亚太经济,(2):114-124.

[102] 郭秋怡,游光荣.2023.深刻认识科技安全与经济安全互动关系建立科技安全监测预警体系 [J].中国科学院院刊,38(4):553-561.

[103] 韩瑞春.2024.债券投资的气候风险管理实践探索 [J].债券,(6):69-73.

[104] 胡安俊.2020.中国的产业布局:演变逻辑、成就经验与未来方向 [J].中国软科学,(12):45-55.

[105] 黄群慧,倪红福.2020.基于价值链理论的产业基础能力与产业链水平提升研究 [J].经济体制改革,(5):11-21.

[106] 纪崴.2021.中国压力测试获得重要进展 [J].中国金融,(7):59-61.

[107] 姜昌华, 朱敏, 陈优广. 2003. Web 应用程序压力测试 [J]. 计算机应用, (10): 75-77.

[108] 姜增明, 陈剑锋, 张超. 2019. 金融科技赋能商业银行风险管理转型 [J]. 当代经济管理, 41 (1): 85-90.

[109] 蒋芬. 2012. 基于压力测试的供应链需求风险和中断风险管理研究 [D]. 东华大学.

[110] 金碚. 2021. 以自主可控能力保持产业链供应链安全稳定 [J]. 中国经济评论, (2): 14-16.

[111] 金以慧, 王诗宓, 王桂增. 1997. 过程控制的发展与展望 [J]. 控制理论与应用, (2): 145-151.

[112] 康红普, 谢和平, 任世华, 等. 2022. 全球产业链与能源供应链重构背景下我国煤炭行业发展策略研究 [J]. 中国工程科学, 24 (6): 26-37.

[113] 李久熙, 张炜平. 2021. 补链、延链、强链：地方高校对区域产业的作用 [J]. 教育理论与实践, 41 (33): 3-6.

[114] 李先军, 龙雪洋. 2024. 新形势下中国集成电路产业链韧性与安全：演进态势、主要风险与对策建议 [J]. 技术经济, 43 (7): 18-27.

[115] 李戎, 刘岩, 彭俞超, 等. 2022. 动态随机一般均衡模型在中国的研究进展与展望 [J]. 经济学（季刊）, 22 (6): 1829-1846.

[116] 李伟, 贺俊. 2022. 基于能力视角的产业链安全内涵、关键维度和治理战略 [J]. 云南社会科学, (4): 102-110.

[117] 李优树. 2023. 全球产业链重构背景下我国的机遇与挑战 [J]. 人民论坛, (23): 90-93.

[118] 林淑君, 倪红福. 2022. 中国式产业链链长制：理论内涵与实践意义 [J]. 云南社会科学, (4): 90-101.

[119] 刘贵富. 2006. 产业链基本理论研究 [D]. 吉林大学.

[120] 刘建丽, 李先军. 2023. 基于非对称竞争的"卡脖子"产品技术突围与国产替代——以集成电路产业为例 [J]. 中国人民大学学

报，37（3）：42-55.

[121] 刘伟华，刘宇彤，赵舒琦，等.2023.产业链供应链可持续发展阶段划分及关键特征研究［J］.工业技术经济，42（9）：123-132.

[122] 刘志彪，凌永辉.2021.论新发展格局下重塑新的产业链［J］.经济纵横，（5）：40-47+2.

[123] 倪红福，田野.2021.新发展格局下中国产业链升级和价值链重构［J］.China Economist，16（5）：72-102.

[124] 吕越，张昊天，高恺琳.2024.人工智能时代的中国产业链"延链补链"——基于制造业企业智能设备进口的微观证据［J］.中国工业经济，（1）：56-74.

[125] 彭水军，李之旭.2024.外部需求与企业上游供应链调整：稳链保供还是扩链强链［J］.世界经济，（2）：64-92.

[126] 齐平，宋威辉.2024.数字化转型、创新发展与制造业价值链高质量发展［J］.广东财经大学学报，39（1）：4-18.

[127] 芮明杰.2018.构建现代产业体系的战略思路、目标与路径［J］.中国工业经济，（9）：24-40.

[128] 邵昶.2005.产业链形成机制研究［D］.中南大学.

[129] 孙天阳，张其仔，杨丹辉.2024.我国关键产业链供应链安全评估及提升措施［J］.经济学家，（6）.

[130] 盛朝迅.2021.新发展格局下推动产业链供应链安全稳定发展的思路与策略［J］.改革，（2）：1-13.

[131] 宋凌云，王贤彬.2013.重点产业政策、资源重置与产业生产率［J］.管理世界，（12）：63-77.

[132] 宋首文.2024.商业银行数字化压力测试体系构建［J］.国际金融，（1）：73-80.

[133] 谭颖.2008.基于环境不确定性的企业供应链弹性研究［J］.物流技术，（11）：89-92.

[134] 王国栋，刘振宇，张殿华，等.2023.钢铁企业创新基础设施及

研究进展［J］.钢铁，58（9）：2-14.

[135] 王鹏权.2020.中美对外经济行为特征及其比较［J］.当代世界社会主义问题，(2)：155-166.

[136] 王利艳，张秀萍.2024.再生资源生态全产业链主体界定、现状及对策——基于"源""流""汇"的视角［J］.生态经济，40（1）：160-169.

[137] 王云霞，李国平.2006.产业链现状研究综述［J］.工业技术经济，(10)：59-63.

[138] 吴金明，邵昶.2006.产业链形成机制研究——"4+4+4"模型［J］.中国工业经济，(4)：36-43.

[139] 吴彦艳.2009.产业链的构建整合及升级研究［D］.天津大学.

[140] 习明明，倪勇，刘旭妍.2023.数字化转型如何促进产业链供应链现代化——基于产业链供应链结构优化视角［J］.兰州大学学报（社会科学版），51（4）：59-73.

[141] 肖兴志，李少林.2022.大变局下的产业链韧性：生成逻辑、实践关切与政策取向［J］.改革，(11)：1-14.

[142] 谢卫红，刘紫仪，郑迪文，等.2024.制造业关联网络承压能力研究：基于投入产出表的特征分析与压力测试［J］.科技进步与对策，41（15）：33-43.

[143] 杨东.2018.监管科技：金融科技的监管挑战与维度建构［J］.中国社会科学，(5)：69-91+205-206.

[144] 杨继军，艾玮炜，范兆娟.2022.数字经济赋能全球产业链供应链分工的场景、治理与应对［J］.经济学家，(9)：49-58.

[145] 杨荣珍，杨偲藩.2023.数字经济背景下我国产业链安全研究［J］.决策科学，(1)：80-86.

[146] 姚卫新，蒋芬.2014.面向供应链中断风险的压力测试情景构建［J］.物流科技，37（3）：29-31.

[147] 姚卫新，游佳敏.2010.基于压力测试的供应链极端风险管理方法探讨［J］.经济经纬，(5)：86-90.

[148] 叶新铭，冯晓利.2002.软件压力测试流程［J］.内蒙古大学学报（自然科学版），（1）：107-110.

[149] 游佳敏.2011.供应链风险压力测试的研究［D］.东华大学.

[150] 张虎，张毅，刘嘉颖，等.2023.产业链现代化目标下中国产业链政策的量化评价［J］.统计与信息论坛，38（9）：32-46.

[151] 张杰.2020.论世界经济再平衡下中国产业链水平的提升［J］.开放导报，（1）：7-16.

[152] 张莉，朱光顺，李夏洋，等.2017.重点产业政策与地方政府的资源配置［J］.中国工业经济，（8）：63-80.

[153] 张振，赵儒煜.2021.区域经济韧性的理论探讨［J］.经济体制改革，（3）：47-52.

[154] 赵吉博，杨晓玲，雷战波.2005.基于平衡记分卡的敏捷供应链危机预警系统［J］.统计与决策，（6）：13-15.

[155] 赵晋平.2022.科学认识海南自由贸易港压力测试的新内涵［J］.中国经济报告，（2）：13-20.

[156] 赵晶，孙泽君，程栖云.2023.中小企业如何依托"专精特新"发展实现产业链补链强链——基于数码大方的纵向案例研究［J］.中国工业经济，（7）：180-200.

[157] 周密，郭佳宏，王威华.2024.新质生产力导向下数字产业赋能现代化产业体系研究——基于补点、建链、固网三位一体的视角［J］.管理世界，40（7）：1-26.

[158] 周阳，丰景春.2008.基于排队论的关键链缓冲区研究［J］.科技进步与对策，（2）：174-176.

[159] 周一珉，李淑梅.2008.产业链内涵和形成机制述评［J］.甘肃省经济管理干部学院学报，（3）：38-41.

[160] 朱新球，苏成.2010.应对供应链风险的弹性供应链机制研究［J］.北京工商大学学报（社会科学版），25（6）：45-47+55.

[161] 朱元倩.2012.流动性风险压力测试的理论与实践［J］.金融评论，4（2）：96-103+126.

图书在版编目(CIP)数据

产业链韧性打造：基于重点产业链压力的视角 / 池韵佳，曾伏娥著 . --北京：社会科学文献出版社，2025.4. --ISBN 978-7-5228-5295-9

Ⅰ.F259.1

中国国家版本馆CIP数据核字第20252GF075号

产业链韧性打造：基于重点产业链压力的视角

著　　　者 / 池韵佳　曾伏娥
出 版 人 / 冀祥德
责任编辑 / 李真巧　武广汉　陈凤玲
责任印制 / 岳　阳
出　　　版 / 社会科学文献出版社·经济与管理分社（010）59367226 　　　　　　地址：北京市北三环中路甲29号院华龙大厦　邮编：100029 　　　　　　网址：www.ssap.com.cn
发　　　行 / 社会科学文献出版社（010）59367028
印　　　装 / 三河市龙林印务有限公司
规　　　格 / 开 本：787mm×1092mm　1/16 　　　　　　印　张：13.25　字　数：189千字
版　　　次 / 2025年4月第1版　2025年4月第1次印刷
书　　　号 / ISBN 978-7-5228-5295-9
定　　　价 / 89.00元

读者服务电话：4008918866

▲ 版权所有 翻印必究